흥미진진
북극전략

흥미진진
북극 전략

서현교 지음

ARCTIC STRATEGY FOR THE FUTURE

nomad
지식노마드

차례

제2장 북극 이슈 대응을 위한
주요국의 북극정책

들어가는 글

　필자가 사람들에게 극지연구소에서 북극정책을 연구한다고 이야기하면, 대뜸 남극이나 북극에는 직접 가보았냐는 질문부터 건너온다. 이는 현장감이 반영된 정책연구를 하는지와 실제 사람들이 가보지 못하는 곳을 가보았는지에 대한 궁금증 때문일 것이다.

　필자는 기자 시절이던 2007년 북극에 있는 우리나라의 기지인 다산과학기지를 방문하면서 북극에 처음 발을 들였다. 국내외 12명의 중고생으로 구성된 북극연구체험단의 사감이자 취재기자 자격으로 동행했다. 그 당시 북극 노르웨이령 니알슨Nyalesund 국제과학기지촌의 맑은 공기를 마시고 빙하 녹은 물을 마시면서 느낀 청량감을 지금도 잊을 수가 없다. 마치 "수십 년 묵은 체증이 뻥 뚫리는 듯한 느낌"의 기억을 아

니알슨 국제 과학기지촌 전경(위)과 극지연구소가 운영 중인 북극다산과학기지(아래).
출처: 북극연구체험단 김현식(2011).

직도 갖고 있다.

　그 첫 북극 방문에서 천연의 때묻지 않은 자연환경에 매료된 필자는

기회만 주어진다면 북극을 연구하고 싶다는 생각을 하였다. 지성이면

감천이라 하였던가. 그해 가을 정책 분야 전공자를 선발한다는 극지연구소의 직원 선발 공고에 과감히 지원하여 입사에 성공하였다.

그렇게 북극과 연을 맺은 게 올해로 벌써 14년이다. 그전에 국제기구 UN 산하 연구소에서 연구원 생활을 한 것과 수년간 과학기자 생활을 한 것이, 다소 생소하게 들리는 학문 분야인 '북극정책' 전문가로 성장하는 데 많은 도움이 되었다. 북극정책을 연구하려면 함께 북극을 연구하는 외국 전문가들과의 협력과 소통이 필요하고, 또한 '기자의 눈'처럼 문제의 핵심과 본질을 꿰뚫는 것이 필요하다.

대부분의 사람들은 극지연구소를 남북극의 자연과학을 연구하는 곳으로 생각하기 때문에 북극정책을 연구한다고 하면 다소 의아한 표정을 짓기도 한다. 그러나 실제로는 필자처럼 정책이나 법을 전공한 소수의 사회과학 전문가들이 극지연구소에서 과학연구 기반 역할 및 국가 남·북극정책 수립을 지원하는 업무와 관련 연구를 하고 있다. 필자도 극지연구소에서 정책 전문가로 업무와 연구를 수행하면서 북극정책에 대한 지식과 정보를 쌓았다. 그 지식 보따리를 지금부터 하나씩 풀어가면서 북극의 미래와 우리나라의 북극진출 방향을 제시해보고자 한다.

제1장

북극의 이슈와
최신 동향

북극정책이란 무엇일까?

북극정책에 대한 이야기를 하기에 앞서 먼저 북극정책을 구성하는 단어인 '북극'과 '정책'이란 무엇인지 살펴보기로 한다.

주변 어린이부터 어른들에게 '북극'에 대해 생각나는 것이 무엇이냐고 물어보면, 멀고 추운 눈과 얼음의 나라, 지구의 북쪽 끝, 북극곰의 고향, 산타 할아버지가 사는 곳, 이누이트Inuit 족와 같은 북극 원주민의 고향, 얼음 아래 미지의 자원이 매장된 보물창고 등 다양한 답변을 들을 수 있다.

학문적으로 북극의 정의는 약 2,000년 전부터 제시되어왔다. 옛날 기록을 살펴보면, 고대 그리스의 수학자이자 천문학자, 지리학자였던 클라우디오스 프톨레마이오스Klaudios Ptolemaeos는 그 당시 지도를 제작

수학자이자 천문, 지리학자였던
클라우디오스 프톨레마이오스
(1584년).

그림 출처
https://www.alamy.com/claudius-
ptolemy-ptolemaeus-90-168ad-
greek-mathematician-astronomer-
image68509908.html

하면서 대략적으로 북위 63도 지점을 툴레Thule 즉, 영어로는 극북(북쪽의 가장 끝, Northmost)에 있는 땅으로 지칭하고, 이를 인간이 거주할 수 있는 최북단으로 기록하였다. 툴레는 현재 아이슬란드, 노르웨이 등 북유럽권을 가리키는 고대 그리스·로마어이다. 즉, 지금의 북유럽을 2,000여 년 전에는 인간이 살 수 있는 땅의 끝으로 묘사한 것이다.

조금 더 들어가서 북극은 영어로 'Arctic'인데 이 영단어의 어원은 곰Bear을 뜻하는 그리스어인 'Arktos'에서 유래되었다. 이 '곰'이라는 그리스어는 시간이 지나면서 북쪽지방Northern을 뜻하는 그리스어인 'Arktikos'로 발전하였다. 이는 'Arkt(곰)'와 'ikos(영어의 형용사 어미 ic)'의 결합구조로, 현대 영어에서 이 'Arktikos'가 'Arctic'으로 자리잡은 것이다. 그런데 여기에서 말하는 곰은 북극곰Polar Bear이 아니라 북두칠성으로 알려진 하늘의 별자리인 큰곰자리(The Great Bear 또는 Big Dipper)의 곰을 말한다. 나침반이 개발되기 이전의 고대 사람들은 이 북두칠성과 연결된 북극성Polaris을 뱃길을 인도하는 수단으로 사용하였다. 즉, 북두칠

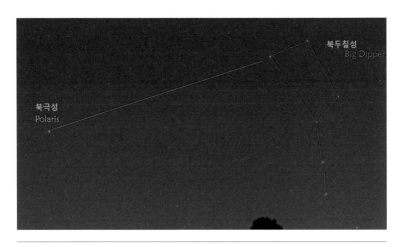

하늘에서 북두칠성(사진 오른쪽)을 활용하여 북극성(사진 왼쪽) 위치를 찾는 법.
출처: https://earthsky.org/tonight/use-big-dipper-to-locate-polaris-the-north-star/

성과 북극성을 따라 이동하면 북쪽 지방의 끝에 도착한다고 믿었다. 북극성은 바다와 육지의 이정표 역할을 했다.

한편 북극Arctic과 단어가 유사한 남극Antarctic의 어원을 살펴보면, 고대 그리스와 로마어의 접두어인 Anti(반대라는 뜻)와 북쪽지방을 뜻하는 'Arktike'가 합쳐져 'Antarktike'가 되었고, 이것이 'Antarctica'라는 영어로 발전되었다.

결론적으로 남극과 북극 모두 별자리인 큰곰자리에서 영단어가 유래되었음을 알 수 있다. 따라서 북극곰에서 '북극'이라는 영단어가 유래되었다는 일부의 주장은 사실이 아니다.

북극에선 '백야'와 '극야' 현상 일상화

북극이라는 단어의 어원을 살펴보았다면, 이번에는 북극의 정의에 대해 알아보자. 북방'North, 고북방'High North, 고북극'High Arctic, 저북극 Low Arctic 등의 용어들처럼 국제적으로 종종 북극의 유사개념들이 사용되어왔다. 이러한 북극에 대한 현대적 개념은 크게 세 가지로 나뉜다.

첫째, 천문학적인 정의로, 위도 66도 32분 52초(약 66.33도: 이 위도를 연결한 선을 '북극선' 또는 영어로 'Arctic Circle'이라 한다)부터 북극점(북위 90도)까지 펼쳐진 지역이 북극으로 정의된다. 이 정의에 따른 북극 공간은 여름인 하지(6월 21일경) 무렵 해가 지지 않는 백야'White Night 현상이 일어나고, 한겨울인 동지(12월 22일경) 무렵 해가 뜨지 않고 24시간 밤이 계속되는 극야'Polar Night 현상이 나타난다.

필자는 2014년 남극에서 겨울을 보내고 2016년 노르웨이의 북극 관문 도시인 트롬소Tromso(북위 69도)에 파견되어 생활을 하면서 백야와 극야를 경험하였다. 트롬소에 있는 주택들은 대부분 창에 암막커튼을 설치한다. 백야 시즌의 밤에 햇빛을 가리기 위해서이다. 밤 시간이 되면 암막커튼을 치고 한밤처럼 분위기를 만든 뒤 잠을 청한다.

반대로 극야 시즌이 되면, 이를 처음 접하는 사람은 힘든 생활을 할 수 있다. 트롬소의 경우 하루 24시간 계속되는 밤이 몇 달간 지속되는데, 극야를 며칠만 경험해도 마치 검은 안개가 도시를 뒤덮은 것처럼 숨이 막히는 느낌이 들 수도 있다. 필자도 같은 경험을 하면서 북유럽 사

노르웨이 북극도시 트롬소의 오로라.
출처: https://unsplash.com/

람들에게 우울증이 많다고 하는 이유를 조금은 이해할 수 있었다.

다만, 극야 시즌이 시작되는 10월 중하순부터 노르웨이 북극 도시에서는 천연 색깔의 하늘 커튼인 오로라를 자주 목격할 수 있다. 도시에서도 빛이 없는 장소에 가면 쉽게 오로라를 경험하는데, 하루는 오로라가 하늘에 펼쳐져 지나가는 노르웨이 사람들에게 "저기 오로라가 떴어요!"라고 외쳤더니, '왜 저러지?' 하는 눈으로 필자를 바라봤다. 이곳 사람들은 어릴 때부터 매년 겨울이 되면 오로라를 자주 목격할 수 있기 때문에 오로라를 보는 것은 일상생활과 마찬가지이다. 그래서 큰 감흥이 없다.

신기한 지구현상들을 기념하는 행사도 열린다. 일례로 6월 하순의 하지가 되면 노르웨이 사람들은 백야의 절정에 이른 기념으로 백야 마라톤Midnight Sun Marathon을 개최하여 저녁 9시부터 42.195km를 달리기도 하고 걷기도 하면서 밤 12시를 훌쩍 지난 새벽 1~2시까지도 백야 행사를 즐긴다.

이러한 천문학적 정의에 따른 북극의 면적을 계산해보면, 대략 남한 면적(10만 210km²)의 약 200배에 해당하는 2,100만km²이고, 이중 대륙(육지)의 면적은 대략 1,000만km², 바다는 1,100만km² 정도다. 즉 육지와 바다가 거의 절반씩이다. 한편 중국은 북극선(북위 66.33도)으로부터 900마일 이상 떨어져 있는데 (중국은 북위 53 지역이 최고위도 지역) 최근 자국의 '북극정책백서'에서 근북극 국가Near Arctic Country라고 하여 북극에 인접한 국가로서의 입지를 피력하

북극 지도.
출처: https://upload.wikimedia.org/wikipedia/commons/3/31/Arctic_circle.svg

고 있다.

두 번째로 기후지리적인 측면에서, 연중 가장 따뜻한 7월의 평균기온이 10℃ 이하의 등온선 안쪽 지역을 북극으로 정의한다. 이 정의는 북극의 해양과 육지를 구분 없이 동시에 적용할 수 있어 이론적으로 유용한 측면이 있다. 왼쪽 그림에서 붉은색 실선 안쪽 부분이 북극에 해당된다. 푸른색 점선 부분은 북극선이다.

마지막 세 번째로 지정생태학적 정의에서 보면, 영구동토층Permafrost의 남방한계선까지, 다시 말해 수목한계선부터 북극점까지의 지대를 북극이라고 할 수 있다. 수목한계선은 수목이 생장할 수 있는 경계선을 말하며, 북극 수목한계선 위로는 툰드라 지대가 나타난다. 툰드라 지대는 저온과 짧은 생장계절의 영향을 받아 나무가 자라지 못하는 식생지대로 지표면이 거의 얼어 있는 상태의 땅을 의미한다. 미국 알래스카의 1/4이 툰드라 지대로 알려져 있다.

아시아, 북아메리카, 북유럽 등에 존재하는 얼어 있는 땅인 영구동토층은 최소 2년 이상 계속 토양 온도가 0℃ 이하로 유지되는 결빙상태의 흙, 침전물과 바위로 구성된 땅을 말하며, 지표 밑의 얼음까지 포함한 개념이다. 대부분의 영구동토는 극지와 고위도 지역에 분포하지만, 저위도 지역의 높은 산 위에서도 나타난다. 일단 형성된 영구동토는 '영구'라는 단어가 의미하듯 수천 년 이상 지속되는 경우가 대부분이지만, 이러한 영구동토가 기후변화로 인해 융해되면서 그 위의 도로나 철도,

캐나다 북극 캠브리지 베이 영
구동토층에서 온실기체 및 토양
특성을 측정하는 장면.
사진 출처: 극지연구소 이방용 박사 연구
팀 제공.

건물 등의 기반시설이 파괴 또는 붕괴되거나, 동토대에서 녹아나온 융빙수(녹은 물)에 침수되는 현상이 나타나기도 한다.

이러한 동토층의 면적은 2,297만km²로 북반구에서 노출된 토지의 24%를 차지한다. 지구온난화로 이 동토층이 녹으면서 온실가스가 배출되어 전체 탄소배출량의 5~15%를 차지하고 있는 것으로 알려져 있다. 즉, 기후변화에 따른 온난화가 동토층을 녹이면서 그곳에서 다시 온실가스가 배출되어 지구의 온난화를 가중시키는 악순환 고리를 만드는 셈이다.

정책이란 정부가 목적을 갖고 수단을 동원해 취하는 행위

다음으로 북극정책에서 '정책Policy'의 정의를 살펴보면 다음과 같다. 먼저 정책의 어원을 살펴보면, 그리스어인 'polis(도시국가)'와 산스크리트어(인도의 고전어로 힌두교, 불교 등의 경전 언어)의 'pur(도시)'는 라틴어 'politia(국가)'로 전환되었고, 그 후에 공공문제의 수행 또는 정부의 행정을 말하는 중세영어 'policie'로 발전되었다. 이러한 정책의 어원은 다른 두 가지 중요 단어인 '경찰Police'과 '정치Politics'의 어원과 동일한데, 이는 독일어와 러시아어(헝가리어, 터키어, 체코어 등)에서도 찾아볼 수 있다. 그런 이유로 독일어나 러시아어에서는 '정책'과 '정치'의 두 가지 뜻을 나타내는 언어가 동일한 단어(Politik, Politika)로 사용된다.

과거에 정책학자인 드로어Y. Dror(1968), 다이T. Dye(1984), 코크란Cochran

(외 1999), 피터스Peters(1999) 등도 각각 정책의 정의를 내렸는데, 이 학자들이 내린 정책의 정의들을 종합하면 한마디로 정책은 "정부가 하는 행위이자 어떤 목적 하에 이뤄지는 것"임을 시사하고 있다. 현대에서 '정책'은 "특정한 목적과 이것을 얻는 데 필요한 수단들에 관해 정부가 작성한 일련의 (행동) 규정"으로 정의된다.

정책의 특징은 크게 다섯 가지로 요약될 수 있다. 첫째, 정책에는 도달하자고 하는 목적이 기술되어야 한다. 물가나 법정감염병과 같이 '국민이 고통 받는 사회문제의 해결'이 대표적인 정책 '목적'의 예가 된다.

둘째, 정책에는 목적을 달성하고자 하는 수단들이 규정되어야 한다. 수단에는 실질적 수단과 보조적 수단이 있다. 일례로 달걀값 안정을 위해 달걀 공급량을 늘리는 것은 실질적 수단이 되고, 이러한 실질적 수단의 실행에 필요한 기타 수단, 예를 들어 기술 및 정보, 인적 및 물적 자원 등이 보조적 수단이 된다.

셋째, 정책은 우연한 것이 아니라 정부에 의해 의도된 활동이어야 한다. 예를 들어 사회적 요인이나 국제적 요인으로 일어난 사회변화는 정부가 의도한 것이 아니므로 정책이 아니다. 국제사회 요인으로 유가가 하락하여 국내 휘발유 가격이 하락 안정세를 찾았다면 이는 정책의 결과가 아니다.

넷째, 정책은 동태적인 특징이 있다. 즉, 한번 수립된 정책의 내용은 고정되어 있지 않고 환경의 변화에 따라 변동된다. 그래서 발표된 정책을 몇 년 단위로 개정을 하거나 변화를 시키기도 한다. 정책집행 과정에서 시민들로부터 저항을 받는 경우, 필요 예산이나 자원이 부족한 경우, 예상치 못한 사회적 환경이 변화한 경우, 정책의 내용이나 집행 방식도 상황에 맞춰 변화가 필요하다.

다섯째, 정책은 보통 갈등을 수반한다. 정책은 전 국민을 다 만족시킬 수 없다. 예를 들어 부동산 정책이 대표적이다. 그래서 정책집행 결과 이익집단과 손해집단, 정부 사이에 갈등이 표면화되기도 한다. 정부는 이러한 특징을 사전에 감안하여 정책을 수립하고 수행한 후 평가 및 피드백을 거쳐 정책을 수정하거나 새로운 정책을 수립하여 집행한다.

북극의 경제 이슈
: 자원과 북극항로

지금까지 북극과 정책에 대한 정의에 대해 간략하게 살펴보았다. 다음으로 북극의 최근 이슈와 동향에 대해 살펴보도록 하겠다.

세계 주요국의 국가 수장들과 저명한 정치인, 경제학자, 기업인, 언론인 등이 매년 초 스위스 알프스 산맥의 해발고도 약 1,570m에 위치한 컨벤션 관광도시인 다보스Davos에 모여 회의를 개최한다. 이 회의가 매년 언론에 보도되는 '다보스포럼'으로 불리는 세계경제포럼World Economic Forum이다.

이 포럼은 그해의 주요 이슈를 미리 전망하는데, 이 다보스포럼이 웹사이트에서 북극의 미래 이슈에 대해 전망한 분석결과를 다음과 같이 시각자료로 제시하였다. 그 자료에서 세계경제포럼은 북극에 대해

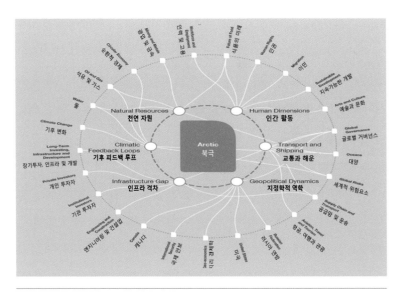

다보스포럼이 홈페이지를 통해 제시한 북극 이슈 6대 주제 및 관련 세부 주제.

기후 피드백 루프Climate Feedback Loops, 천연자원Natural Resources, 인간
활동Human Dimensions, 교통과 해운Transport and Shipping, 지정학적 역학
Geopolitical Dynamics, 인프라 격차Infrastructure Gap의 6대 주제를 선정하
고, 관련된 세부 이슈들을 제시하였다.

이러한 분류 주제로 최근 이슈를 살펴보면, 다음과 같다. 먼저 천연
자원 이슈를 살펴보자.

북극에는 미발굴 천연가스의 30%, 미발굴 석유의 13%(2009, USGS)
가 북극선(66.33도) 이북에 매장되어 있고, 이들은 대부분 수심 500m 이

하의 근해상Offshore에 위치하고 있다. 특히 미발굴 가스는 미발굴 석유의 3배에 해당되는 풍부한 양이 매장되어 있으며, 그 대부분은 러시아 영토에 속해 있다. 국가별 석유 및 가스 자원 잠재량을 살펴보아도 러시아 52%, 미국 20%, 노르웨이 12%, 그린란드 11%, 캐나다 5% 순으로 러시아가 압도적이다.

그래서 어느 나라든지 북극의 자원을 확보하기 위해서는 러시아가 1순위 협력대상국이 된다. 러시아는 현재 천연가스를 압축하여CNG 육지의 파이프라인을 통해 터키, 독일, 이탈리아, 벨라루스 등 유럽에 수출하고 있으며, 액상으로 전환하여 선박에 실어 나르는 LNG 수출 비중은 상대적으로 낮은 편이다. 선박을 통한 수출은 2016년 사할린 광구를 시작으로 현재 러시아 북극 야말 광구에서 수출이 되고 있는데, 우리나라 대우조선해양이 건조하여 수출한 LNG쇄빙운반선이 러시아 야말 반도에서 생산되는 LNG 운반의 대부분을 감당하고 있다. 2017년부터 생산을 시작한 야말 광구에는 중국, 프랑스가 지분참여를 했으며, 매년 1,650만 톤이 생산된다. 또한 북극에는 니켈, 희토류를 포함한 다양한 광물자원도 매장되어 있다.

북극항로 향후 물동량 급성장 전망

두 번째는 해운, 즉 북극항로 이슈이다. 북극항로는 크게 북동항로 NSR: Northern Sea Route와 북서항로NWP: Northwest Passage가 있다. 북동항로는 우리나라에서 러시아와 미국 알래스카 사이의 바다인 베링해 Bering Sea를 지나 러시아 북극해를 통과하여 유럽에 도달하는 바닷길을 말한다. 반면, 북서항로는 우리나라에서 베링해를 지나 미국 알래스카 와 캐나다 북극 해안을 가로질러 유럽에 도달하는 바닷길이다. 북동항 로는 우리나라 기준으로 보면 북극의 서쪽길이지만 유럽 쪽에서 보면 동쪽길이다. 그래서 러시아 유럽을 기준으로 북동항로라 이름이 붙여 졌다.

아래 그림에서 연두색 점선으로 표시된 항로, 그러니까 부산을 기 점으로 하여 이집트 수에즈 운하 Suez Canal를 통해 네덜란드 항구도시 이자 물류 중심도시인 로테르담 Rotterdam에 도착하면 그 거리가 2만 2,000km인데 반해 주황색으로 표시된 북동항로를 활용하여 로테르담

수에즈 운하와 북극항로 간 거리 및 운항일수 비교.
출처: 해양수산부

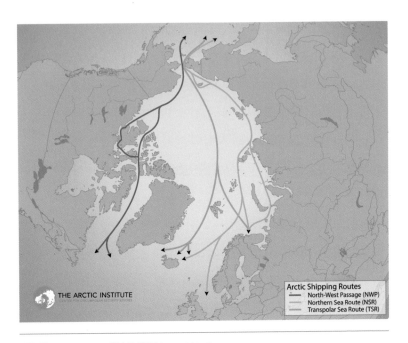

북동항로(NSR: 파란색)와 북서항로(NWP: 붉은색).
출처: Arctic Institute(미 워싱턴 소재) 웹사이트.
https://www.thearcticinstitute.org/future-northern-sea-route-golden-waterway-niche/

에 도착하면 약 1만 5,000km로, 기존 거리 대비 1/3을 단축할 수 있다. 운항일수 기준으로도 수에즈 운하를 지날 경우 40일이 소요되는 데 반해 북동항로를 활용하면 30일에 불과하여 10일을 단축할 수 있다. 그래서 중국도 2018년 '북극정책백서'에서 북동항로를 빙상 실크로드로 정의하고 중국의 주요 수출입 루트로 지정, 신新 경제통로로의 활용을 선언하였다.

현재 북동항로 물동량을 살펴보면, 2019년 3,160만 톤에서 2020년 3,300만 톤(LNG 1,800만 톤 포함) 수준으로, 러시아 천연자원부가 2020년에 제시한 예측치인 2020년 3,100만 톤, 2024년 8,000만 톤, 2030년 1억 2,000만 톤, 2035년 1억 8,000만 톤과 거의 비슷한 수준으로 증가하고 있다. 현재 북동항로 물동량의 내용을 살펴보면 전체의 92%가 광물자원이고, 나머지는 건설자재 등의 화물이 대부분이다. 그리고 북동항로 전체 물동량 중 아시아와 유럽을 잇는 국제통과운송은 아직 전체의 1% 수준으로, 앞으로 북극해 얼음이 줄어들면 국제운송량도 증가할 것으로 전망된다.

러시아천연자원부의 2024년 총 8,000만 톤 물동량 추정치 자료를 살펴보면, 러시아의 민영 천연가스 회사인 노바텍Novatek의 LNG개발 프로젝트에서 3,550만 톤, 러 석유기업 로즈네프트Rosneft(원유 탐사·채광, 석유 및 가스 생산·판매 기업)가 추진하는 타이미르Taimyr 석유개발 프로젝트(일명 보스톡 오일 사업)에서 3,000만 톤(2030년에는 연 1억 톤 생산 전망), 러시아 석유기업인 가즈프롬 네프트Gazprom Neft의 야말 반도 유전에서 670만 톤, 노릴스크Norilsk의 니켈 프로젝트에서 상업용 유황, 구리 등 광물 170톤, 러시아 이온AEON이 타이미르Taimyr 반도 석탄광구 프로젝트에서 석탄 380만 톤, 기타 유럽에서 아시아로 이동되는 통과화물 230만 톤 등을 합친 규모이다. 즉, 2024년 북동항로 수송 물동량의 대부분은 LNG, 석유, 석탄 등 에너지원임을 알 수 있다.

타이미르 석유개발 프로젝트에서 개발된 석유는 러시아 블라디보스토크Vladivostok의 즈베즈다 조선소Zvezda Shipyard에서 건조 중인 유조선에 의해 운송될 예정이다. 이와 함께 북동항로 개발관리 주관사이면서 러시아 국영 원자력 회사인 로사톰도 2020년 11월 발표한 분석자료를 통해 2030년이 되면 북동항로 물동량이 연간 1억 1,000만 톤에서 1억 2,000만 톤이 될 것으로 전망하였다.

다만, 코로나의 장기화 등으로 경제여건이 불확실하고 에너지 가격 등의 변화에 따라 러시아 에너지 개발 프로젝트나 개발 목표량이 변동해 8,000만 톤 물동량 달성에 대해 일부 우려하는 시각도 있다. 일례로 노바텍의 천연가스 매출액을 살펴보면 2019년 대비 2020년 매출액은 글로벌 시장의 수요 감소 등으로 17.5% 감소하였다. 그럼에도 기후변화에 따라 북동항로 활용이 더욱 확대되고, 더구나 점진적으로 코로나가 극복되면 북극권 물동량이 살아나 중장기적으로 북동항로 물동량이 계속 확대될 것은 분명한 사실이다.

이와 함께 2021년에는 놀라운 일이 벌어졌다. 바로 겨울철에 북동항로 운항이 처음으로 성공한 것이다. 대우조선해양이 2017년에 건조하여 러시아 소브콤플로트Sovcomflot에 납품한 세계 최초의 쇄빙LNG운반선인 '크리스토프 드 마르주리Christophe de Margerie 호(2014년 모스크바에서 비행기 사고로 운명한 프랑스 석유회사 토탈Total사의 크리스토프 드 마르주리 전 회장을 기리기 위해 이같이 명명했다)'가 야말 LNG기지에서 생산한 LNG

대우조선해양이 건조한 세계 최초의 쇄빙LNG운반선 크리스토프 드 마르주리호.
출처: 소브콤플롯 홈페이지 http://sovcomflot.ru/en/about/history/ship_naming/item93829.html

를 싣고 2021년 1월 5일 러시아 사베타Sabetta 항을 떠나 베링해와 태평
양을 지난 뒤 중국 장쑤성江蘇省의 양커우항洋口港에 LNG를 수송하고,
동일 항로를 따라 러시아로 2월 19일 귀항했다.

　중국은 2018년부터 매년 300만 톤의 LNG를 러시아 야말 기지에서
수입하여 들여오고 있다. 본래 북동항로는 겨울철 두꺼운 해빙으로 인
해 7월에서 11월 중에만 운항이 가능했고, 그나마도 앞에서 바다얼음
을 깨주는 지원 쇄빙선이 있어야만 했다. 그런데 최근 기후변화로 인한

북극해의 해빙 감소와 항해기술의 발전으로 2021년 초 지원 선박 없이 단독으로 겨울철 왕복운항에 성공한 것이다. 2020년 9월 미국 국립빙설자료센터NSIDC의 발표에 따르면, 여름철 북극 유빙 규모는 42년 전 관측을 시작한 이래 역대 두 번째로 작았다. 이러한 환경이 겨울철 북동항로 시대를 연 셈이다. 배가 다니면 환경오염 물질 배출이나 선박 사고시 유류 유출 등 환경 이슈도 더욱 부각될 것에 국제사회는 주목하고 있다.

북극권 400만 인구의 인프라 확충 필요

북극권 인프라도 현재 중요한 이슈이다. 북극 지역에는 원주민을 포함하여 약 400만 인류가 살고 있다. 그래서 북극의 중요한 생활 인프라는 주택, 수도, 도로, 철도 등이며, 현재 이러한 인프라의 현대화를 원주민 사회에서 북극이사회를 통해 요구하고 있다.

특히 원주민 마을의 경우 마을 간 거주지역이 서로 떨어져 있어, 응급상황시 환자를 병원까지 헬기로 이송해야 하는 경우가 빈번하다. 그래서 최근에는 연결성Connectivity이라는 주제로 북극이사회 차원에서 과제를 주도하고 있는데, 이는 4차 산업혁명 기술의 기반이라 할 수 있는 인터넷을 설치하여, 정보나 교육, 원격의료를 할 수 있는 시스템을 북극권 오지까지 구축하는 사업이다. 수년 전 북극권 국가이자 섬나라인 아이슬란드는 자국 섬 전체 통신망을 구축하여 모든 지역에서 휴대

1차 산업혁명부터 4차 산업혁명까지 발전단계
출처: 인천시 홈페이지 https://www.incheon.go.kr/eco/ECO010201

폰 통화 및 데이터 사용이 가능해졌다.

여기에서 4차 산업혁명 기술에 대해 조금 더 짚어보도록 하자. 4차 산업혁명 기술이란 물리적(예: 3D 프린팅), 생물학적(예: 스마트 워치), 그리고 디지털적인 세계를 빅데이터에 입각해 상호통합시키고, 경제 및 산업 등의 전 분야에 영향을 주는 새로운 기술을 의미한다. '산업혁명'이라는 단어가 특정한 분야의 기술 발달이 우리 생활 전반에 적용되는 것으로 이해한다면, 이러한 빅데이터 기반 '4차 산업혁명시대'의 도래를 보다 쉽게 이해할 수 있을 것이다.

그런데 요즘 4차 산업혁명을 4차 산업으로 오기하는 경우를 종종 본

러시아 야말 반도 LNG 생산기지 전경: 쇄빙LNG운반선에 LNG(액화천연가스)를 선적 중인 장면.
출처: 노바텍사 홈페이지 https://www.novatek.ru/en/business/yamal-lng/

다. 4차 산업은 의료, 교육, 정보산업 등과 같은 지식집약 서비스 산업을 말한다. 4차 산업혁명 기술과는 분명히 다르다. 앞으로 잘못된 표기가 바로잡혀야 할 것이다.

어쨌든 이러한 물리적, 생물학적, 디지털 간 융복합이 이뤄지는 4차 산업혁명은 기존의 1차 산업혁명(증기기관 기반 기계화), 2차 산업혁명(전기에너지 기반 대량생산), 3차 산업혁명(컴퓨터와 인터넷 기반 지식정보 기술)보다 훨씬 적용범위와 파급효과가 클 것이라는 게 전문가들의 중론이다.

한편 현재 야말 LNG기지 운영에 이어 2023년 'Arctic LNG-2' 기지가 가동되면 북극에서 항행 안전문제가 급부상할 것으로 예상된다. 이에 대해 북동항로를 활용할 국가들의 대응이 본격화될 것으로 보인다. 러시아는 북동항로 구간 활성화를 위해서 항로 구간의 주요 항만을 정비하여 운항 선박의 안전성과 물류거점으로의 활용을 추진 중이다.

1940년대 SAS항공 방콕 취항, 태국인들 북극권 이주 도화선

또한 북극의 육상 및 항공교통 인프라도 중요하다. 우선 항공루트를 예로 들어보자. 노르웨이, 덴마크, 스웨덴이 운영하는 공동 국영항공사인 SAS항공은 북유럽의 하늘길을 거의 주도하고 있다. 북유럽 허브도시를 제외한 지방도시에 가려면 SAS항공을 타야 한다. 이 SAS항공이 1949년 아시아 도시 중에서 최초로 태국 방콕에 취항하였다. 당시 태국 방콕은 아시아의 허브공항 역할을 하고 있어서 북유럽 항공사가 아시아의 첫 취항지로 선택한 것이다. 그 후 SAS항공은 1951년 아시아에서 두 번째로 일본 도쿄에 취항하였다(참고로 우리나라에는 아직도 SAS항공이 취항하지 않는다).

하늘길이 열리자 태국인들이 북유럽의 최북단 도시로 퍼져나갔다. 예를 들어 2013년 스웨덴 북극 광산도시인 키루나Kiruna에서 북극이사회가 열렸는데, 이 도시에 중국 음식점은 없어도 타이 음식점은 있었다. 또한 노르웨이에서 가장 위도가 높은 북극 도시인 롱이어비엔Longyearbyen(북위 79도)에 중국 음식점은 없어도 타이 음식점은 운영되고 있다. 세계 어느 도시에나 중국 음식점이 있다. 그런데 유독 북유럽 북

(위)스칸디나비아항공사sas 비행기가 운항 중인 모습.
출처: 스칸디나비아항공사 홈페이지 https://www.flysas.com/en/safe-travel/
(아래)노르웨이 롱이어비엔 다운타운 전경.
출처: https://en.visitsvalbard.com/visitor-information/destinations/longyearbyen

극 도시에는 타이 음식점만 있어 의아했는데, 하늘길이 열리면서 태국
인들이 중국인보다 먼저 북유럽으로 진출한 것이 비결이었다. 철도도
마찬가지이다.

　핀란드를 예로 들면, 북극권 라플란드Lapland 주의 수도 로바니에미
Rovaniemi를 중심으로 노르웨이 본토의 최북단 도시이자 러시아와 국경

을 접하고 있는 키르케네스Kirkenes, 그리고 러시아의 북극 물류 거점항인 무르만스크Murmansk 항 등과 연계하는 북극 철도 건설계획을 추진해왔다. 또한 러시아도 앞서 말한 대로 내륙 철도와 북동항로로 흐르는 러시아 내륙의 주요 하천을 연결하는 물류 루트를 추진하고 있다.

예를 들어 러시아 노릴스크 니켈의 북극 지부는 해운 및 내륙 수로용 항만인 두딘카Dudinka 항만을 운영 중이다. 이 항만은 1년 내내 무르만스크 및 아르한겔스크Arkhangelsk 항만과 연결 운송이 가능하며, 여름철에는 크라스노야르스크Krasnoyarsk 및 딕슨 Dixon 내륙 수로와도 연결된다. 또한 노릴스크 철도 및 도로와도 연계되어 하운河運, 해운, 철도, 도로 등을 연계한 화물수송이 가능하다. 이처럼 북동항로와 철도, 북동항로와 연계된 주요 강줄기를 활용하는 하운, 그리고 도로교통까지 연계되는 교통

후티그루텐사 크루즈선이 노르웨이를 일주하면서 정박하는 34개 주요 항구.
출처: 후티그루텐 웹사이트 https://www.hurtigruten.com/

그물망이 러시아 북극에서도 점차 구축될 것으로 보인다.

또한, 교통과 연계된 것이 관광이다. 특히 노르웨이는 봄부터 가을까지의 크루즈선 관광이 유명하다. 크루즈선을 타고 노르웨이 남쪽 피오르드fjord부터 노르웨이 북극 키르키네스Kirkines까지 34개 주요 항구를 경유하는 루트는 세계에서 가장 유명한 크루즈 코스 중 하나이다. 하나의 티켓을 사서 크루즈선을 타면 34개 항 중 마음에 드는 도시의 항구에 내려서 며칠이고 관광을 하다가 다음에 오는 크루즈선으로 다시 이동하는 관광시스템이다. 또한 크루즈선이 항구에 정박할 동안에는 크루즈선 관광객 외에 지역주민이나 다른 관광객들도 선상 식사를 하고 기념품을 사도록 크루즈선을 개방하는 시스템을 갖추고 있다. 스발바르 제도Svalbard Is.에서는 비행기로 이동한 관광객을 태우고 스발바르 제도를 한 바퀴 도는 별도의 북극 크루즈 관광을 운영하고 있다. 그런데 코로나로 인한 경기침체로 후티그루텐Hurtigruten 사는 2021년 3월 스발바르 제도에 있는 호텔 등의 자산을 노르웨이 국영 탄광사인 스토레 노스케Store Norske에 매각키로 하는 등 코로나 상황에서 경영 회복을 위한 노력에 나섰다. 이와 함께 겨울철에는 노르웨이 오로라 관광도 유명한데, 코로나로 이 또한 타격이 불가피할 전망이다.

북극의 최대 이슈
: 기후변화

북극의 기후변화도 주요 이슈이다. 급격한 기후변화로 인해 매년 여름 북극의 해빙 면적이 기록적으로 줄어들고 있다는 뉴스를 자주 접한다. 최근 자료에 따르면, 북극은 타지역 대비 평균기온이 2배 이상 상승한 것으로 나타난다. 1760년대 산업혁명 이전 지구대기 중 월평균 이산화탄소 농도는 280ppm이었는데, 2010년대 400ppm, 그리고 2019년에는 415ppm으로 늘었다. 2040년경이 되면 위험구간인 450ppm에 진입할 것으로 전망된다. 이 정도 농도가 되면 극단적인 기상이변이 빈번하게 나타나고, 지구의 온도가 2℃ 정도 상승할 것으로 우려된다.

이산화탄소는 주로 화석연료 등을 태우면서 발생하는데, 1760년대부터 1820년대 사이의 1차 산업혁명을 기점으로 이산화탄소 배출량이 급격하게 증가하였다. 석탄과 나무를 태우면서 동력을 발생시키는 증기기관을 활용한 제조혁명이 바로 1차 산업혁명이기 때문이다. 이어 2차 산업혁명과 함께 내연기관과 전기 사용이 늘었고, 컴퓨터로 대표되는 3차 산업혁명을 거치면서 지금까지 지속적으로 에너지 사용량이 증가했다. 그리고 그와 함께 온실가스 배출량이 기하급수적으로 늘어났다.

이러한 화석연료 사용에 따른 전 지구의 이산화탄소 배출을 100%로 놓았을 때, 국가 간 비율을 살펴보면 2015년 기준으로 중국이 28%로 전 세계 배출량의 1/4 이상을 차지하여, 미국이 15%로 2위이다. 이어 인도 6%, 러시아 5%, 일본 4%, 독일 2% 순이다. 이들 나라만 합쳐도 지구온난화의 원인인 이산화탄소(대표적 온실가스) 배출이 전 세계의 60%에 이르고 있어, 이들 주요국들의 배출 감축 노력만으로도 지구의 기후변화 문제가 상당히 개선될 수 있다.

기후변화는 여러 가지 문제를 야기한다. 해수면 상승, 작물수확량 감소, 식품가격 상승, 극단적 기후현상에 따른 빈곤 가속화, 고온에 따른 질병 확산, 물 부족, 제한된 자원의 확보를 위한 전쟁 발생, 고온에 따른 작업능력 감소 등의 사회경제적 충격이 나타날 것이라고 전문가들은 예상한다.

기후변화가 북극동물 서식환경 바꿔

이러한 문제가 특정 지역에 국한된 게 아니라 글로벌적 특성으로 나타나기 때문에, 어느 나라든지 피해갈 수 없다. 즉, 어느 한 나라나 북극만의 문제가 아니라 세계 모든 나라가 협력해야 해결하고 대응할 수 있는 글로벌 이슈이다.

이러한 기후변화가 북극에 주는 영향을 살펴보자. 먼저 여름철 해빙이 점차 사라지면서, 북극곰 같은 야생동물 생존에 큰 문제를 야기하고 있다. 그 한 가지 예로, 온난화로 따뜻해진 북극에 붉은여우가 등장했는데, 이 붉은여우들이 더 작은 북극여우와의 경쟁에서 이겨 북극여우의 멸종이 우려되는 상황이다.

또한 지구온난화로 북극곰Polar Bear과 그리즐리 회색곰Grizzly Bear 간 서식지가 겹치면서 두 종이 결혼을 하여 새로운 잡종(하이브리드) 개체가 출현하고 있다. 북극의 온난화로 바다의 얼음인 해빙이 줄어들면서 북극곰은 해빙 위에서의 물개 사냥에 어려움을 겪어야 했다. 이에 북극곰은 먹이를 찾아 점차 내륙으로 서식지를 옮겼고, 북미에서 살던 그리즐리곰은 점차 북쪽으로 이동하면서 알래스카에서 두 종이 서로 만난 것이다.

과학자들은 서로 다른 두 종이

그리즐리곰.

사진 출처
https://unsplash.com/photos/
c8XIAc1akIU

북극곰과 그리즐리곰의 짝짓기로 태어난 잡종 피즐리곰.
사진 출처: 미국 밴더빌트대학(Vanderbilt Univ.) 제작 피즐리곰 설명 유튜브.
https://news.vanderbilt.edu/2021/04/20/vanderbilt-researcher-explains-pizzly-bear-hybrid-species/

만나면 경쟁을 벌여 한 종이 멸종할지 결혼을 통해 새로운 하이브리드 종이 나올 것인지 관심이 많았다. 결과는 후자였다. 북극곰과 그리즐리곰 간 짝짓기를 통해 새로운 종 피즐리곰Pizzly Bear이 야생에 출현한 것이다. 피즐리곰은 북극곰의 영어 첫 자 P와 그리즐리곰의 맨 앞자 Gr을 지우고 합친 영단어이다. 이 하이브리드 곰은 그리즐리곰의 맨 앞자인 Gr과 북극곰의 맨 앞자인 P를 지운 나머지 단어와 합친 그롤라곰 Grolar Bear으로도 불린다.

자연계에서는 보통 잡종이 태어나면 원래 종보다 환경에 적응하는 능력이 떨어지는 것이 일반적인데, 이 잡종 곰은 환경에 더 잘 적응하는 구조를 갖고 있다고 학계에서는 분석하고 있다. 몸집이 큰 북극곰과 상대적으로 작은 그리즐리곰의 중간 사이즈에 적절할 크기의 앞발과 목길이, 두 곰의 중간 색깔 등 여러 특징이 있다. 온난화로 멀지 않은 미래에 북극곰이 사라지고 그 대신 이 새로운 잡종 곰이 북극을 지배하는 때가 올지도 모른다고 학계에서는 우려하고 있다.

온난화로 인한 또 하나의 사례로 북극에서 야생진드기가 정착되는 현상이 나타나고 있다. 진드기는 크게 집진드기와 야생진드기로 나뉘는데, 집진드기는 주로 알레르기를 유발하는 데 반해 야생진드기는 사람이나 야생동물에 붙어 흡혈을 한다. 야생진드기에 물린 사람은 심한 경우 '중증 열성 혈소판감소 증후군 SFTS'에 걸린다. 아직 백신이나 치료제가 없어, 매년 여름철 이 야생진드기로 인한 사망 소식을 뉴스에서 접하곤 한다. 여름철 풀밭에서 긴 옷을 입으라는 것이 이 야생진드기의 공격을 막기 위해서이다. 그런데 지구온난화로 미국 알래스카의 최근 여름철 기온이 30℃까지 치솟는 등 기록적인 날씨를 보이는 가운데, 2개 종(American dog tick과 Brown dog

알래스카 야생 진드기(Brown dog tick).

사진 출처
알래스카 주 정부 홈페이지
https://www.adfg.alaska.gov/
index.cfm?adfg=wildlifenews.view_
article&articles_id=829

tick)의 야생진드기가 정착종이 되고 있다고 한다. 지난 2007년부터 알래스카에 외래 유해생물인 야생진드기가 정착하여 생물을 공격하면서 무스Moose 같은 알래스카의 초식동물들은 털이 빠지고, 그곳 사람들도 SFTS에 걸릴 수 있다. 알래스카에서 겪고 있는 이러한 외래 유해생물의 유입은 기후변화를 겪고 있는 다른 북극 도시들도 예외일 수 없을 것이다.

한편 북극 해운이 증가하고 북극 연안에서 석유시추 및 개발이 증가해, 북극권의 영구동토층이 녹고 있다. 그로 인해 그 위에 지어진 건물이나 도로, 철도 등의 사회거주시설이 붕괴되고 눈썰매 등 기존 이동수단이 유명무실화되며, 원주민의 전통생활이 축소되는 등 여러 가지 어려움에 봉착할 것으로 예상된다.

따라서 북극의 경우는 기후변화에 따른 지역의 피해를 규명하는 데 집중하고, 이에 대해 국제기구에서 북극권 국가의 목소리를 내어 국제사회가 온실가스 감축 노력을 강화하도록 유도하며, 지역 특성의 피해(예: 동토층 융해 등)에 대응하여 피해 대응 노하우를 공유하고 적응하는 등의 대책을 펼치고 있다. 북극에

북극여우.

사진 출처
www.unsplash.com

서는 이러한 기후변화에 따른 환경변화에 대해 회복Resilience과 변화된 환경에 적응Adaptation이라는 병행정책으로 이슈에 대응하고 있다.

우리나라도 기후변화에 따른 북극의 환경변화로 인해 기후재난이 빈번하게 발생하고 있다. 북극의 찬 공기는 북극 상공의 성층권에서 반시계 방향으로 마치 태풍처럼 회전하는 극소용돌이 형태로 존재한다. 이 극소용돌이는 뱀처럼 구불구불 휘감으며 역시 반시계 방향으로 그 테두리를 회전하는 제트기류에 갇혀 있다. 평소처럼 북극의 기온이 낮으면 극소용돌이의 회전력이 강해 제트기류에 갇힌 채 북극권의 상공에 위치한다. 그래서 우리나라와 같은 중위도까지 영향을 미치지 못한다.

그러나 지구온난화로 인해 북극권 기온이 올라가고 이로 인해 북극해 바다 얼음인 해빙이 감소하면서 바다의 온도가 올라가 북극권 전체 온도가 더 상승하면 극소용돌이를 돌게 하는 힘이 약화된다. 이렇게 되면, 극소용돌이를 감싸고 돌던 제트기류가 약화되면서 남북으로 더 크게 요동을 치며 회전하여 중위도인 우리나라까지 흘러내려온다. 그래서 그 안의 극소용돌이 속 찬 공기도 같이 남하하여 우리나라의 겨울 한파를 일으킨다. 2021년 2월 미국 텍사스주의 한파로 인한 동파현상도 같은 원인으로 분석된다.

이러한 기후변화에 대한 국제사회의 대응을 역사적으로 조명해보면 다음과 같다. 기후변화 문제는 1980년대를 거치며 국제사회의 공통 이슈로 자리매김하였고, 본격적인 글로벌 아젠다로 부각되었다. 이에 UN

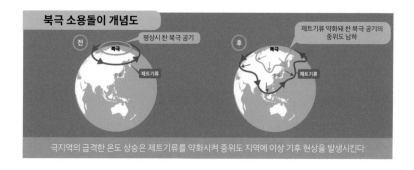

극소용돌이 개념도(왼쪽이 평상시 제트기류, 오른쪽은 온난화에 따른 제트기류 약화).
출처: 2019년 KoARC(한국북극연구컨소시엄)/해양수산부 발간 북극이슈리포트 '인포그래픽' 인용.

산하 기후변화에 관한 정부 간 협의체UNIPCC: UN Intergovernmental Panel on Climate Change가 1988년 정식 출범하였다. 이 협의체는 기후변화 문제에 대처하기 위해 세계기상기구WMO와 유엔환경계획UNEP이 공동 설립한 국제기구로 기후변화에 관한 '과학적 규명'에 기여하는 역할을 하고 있다.

이 UNIPCC가 1990년 발간한 '제1차 평가보고서'에서 "지구가 더워지고 있으며, 이를 막으려면 범지구적 공동노력의 필요성을 제기"한 것에 기반하여, 1992년 브라질 리우에서 154개 회원국이 참여한 가운데 열린 유엔환경개발회의UNCED 중 'UN기후변화협약UNFCCC: UN Framework Convention on Climate Change'이라는 국제환경조약이 정식 체결되었다.

이 조약은 1994년 정식 발효되었는데, 생태계가 기후변화에 자연적으로 적응하고 생산량이 위협받지 않으며, 지속가능한 경제개발이 가능할 정도로 이산화탄소 농도를 안정화시키는 것을 동 조약의 목표로 하고 있다. 우리나라도 1993년 12월에 이 조약에 대한 국내 비준을 하여 이행을 시작하였다. 현재 192개국이 이 협약의 회원국으로, 지구온난화 방지를 위해 모든 당사국이 참여하되 온실가스 배출의 역사적 책임이 있는 선진국은 차별화된 책임을 지는 것을 기본 원칙으로 하고 있다.

최고의사결정기구로 당사국총회COP: Conference of Parties가 있으며, 협약 이행과 논의는 이 총회에서 당사국 간 합의로 결정한다. 또한 당사국총회 의사결정 지원을 위해 과학기술자문 부속기구SBSTA와 이행부속기구SBI를 설치, 운영하고 있다. 우리나라의 경우 기상청이 SBSTA에서 과학 관련 사항(연구 및 체계적 관측)과 IPCC 관련 의제를 담당한다.

지구가 더워지는 건 인간활동 때문

이렇듯 기후변화국제협약 출범에 기여한 UNIPCC는 전 세계 저명 과학자들이 참여하는 IPCC평가보고서AR: Assessment Report를 수년마다 정기발간하고 있다. 이 평가보고서는 기후변화의 과학적 근거와 기후변화 정책방향을 제시하며, 유엔기후변화협약에서 정부 간 협상의 근거자료로 활용된다.

IPCC는 앞서 설명한 1990년 '1차 평가보고서'에 이어, 1995년 '2차 평가보고서'를 발간하였는데, "지구가 더워지는 것은 인간의 활동에 기인한다."라는 결론을 내렸다. 이러한 결론은 1997년 국제사회가 '교토의정서'를 채택하는 데 크게 기여하였다. 그리고 2001년 '3차 평가보고서'에서는 이산화탄소와 같은 온실가스의 배출을 줄여야 한다는 결론을 제시하였다. 이후 2007년 '제4차 평가보고서'에서도 온실가스 배출을 줄여야 한다는 결론을 또다시 내렸으며, 이에 기반하여 기후변화의 심각성을 국제사회에 전파한 공로로, 같은 해 미국의 앨 고어Albert Arnold Gore 전 부통령과 함께 노벨평화상을 공동수상한 바 있다. 2014년 '5차 평가보고서'에서는 "우리의 노력으로 온실가스 배출감축이 가능하고, 또한 어느 정도는 적응Adaptation해야 한다."는 결론을 내렸다. 2022년에 '6차 평가보고서'가 발간될 예정이다.

2014년 '5차 보고서' 이후 '6차 보고서'가 나오기까지 8년이라는 공백이 있어 UNIPCC는 2016년 43차 IPCC총회에서 '6차 평가보고서' 발간 전까지 3개의 특별보고서를 발간하기로 결정하였다. 이 3개 보고서는 '1.5℃ 특별보고서', '해양·빙권 특별보고서', '토지보고서'이다.

2018년 출간된 '1.5℃ 특별보고서'의 핵심은 산업혁명(1760년대) 이전보다 지구 평균기온이 1.5℃ 이상 상승하면 해수면이 10cm 이상 상승해 섬나라와 같은 도서지역 약 1,000만 명이 위험에 빠지는 것은 물론, 더 강력하고 잦은 이상고온과 가뭄, 더 파괴적인 태풍 등으로 수많은 취약빈곤층이 재해에 노출되고, 생태계와 생물다양성이 파괴되며, 세계 경제에도 악영향을 미칠 것이라는 경고이다. 이 보고서는 기온 상승을 1.5℃ 이내로 억제하기 위해서는 2030년까지 온실가스 배출량을 2010년 대비 45% 이상 감소해야 하고, 2050년까지 인간에 의한 배출량을 거의 제로로 낮춰야 한다고 강조한다. 보고서는 온실가스 배출 감축을 위해서는 LNG, 석탄, 석유 등 화석원료를 태워 발전하는 발전소 건설을 금지하는 대신 원자력 발전을 늘리는 옵션까지도 열어두었다.

2019년 발표된 '해양·빙권(극지) 특별보고서'는 큰 의미를 갖고 있다. 이처럼 빙권(극지)을 별도의 주제로 한 보고서가 IPCC에서 나오기는 처음이었다. 그만큼 기후변화 이슈에서 극지가 중요해졌다는 것을 의미하는 것이다. '해양·빙권 특별보고서'는 수자원과 수산업, 레저/관광 등 일상생활에서 중요한 역할을 하고 있는 해양과 빙권(극지)이 기후변화로 인해 변화되면서 해수면 상승, 고수온 현상 등의 문제가 발생하고 있다며 이에 대한 중요성을 강조하고 있다.

보고서의 핵심은 지구온난화의 영향이 우리가 그간 인식하던 것보다 빠르고 광범위하게 나타나고 있어, 전 세계가 온실가스 감축을 위해 더 빨리 행동에 돌입해야 한다는 것이다. 또한 바다와 빙하지역에서 이미 일어나고 있는 환경변화를 멈출 수도 없고, 돌이킬 수도 없다는 사실을 분명히 하면서 현재와 같은 추세로 지구온난화가 계속되면 2050년경 해양과 극지방, 산악지역에 거주하는 전 세계 10억 명의 생존이 위협받

게 될 것이라고 경고했다. 2100년이 되면 해수면이 2005년보다 1.1m 상
승할 것이라 예측했는데, 이는 '5차 평가보고서'가 예측한 값보다 0.1m
더 높은 값에 해당된다.

보고서는 다만 온실가스의 획기적인 감축을 통해 최악의 위기는 모
면할 수 있으며 목표한 만큼 온실가스 배출을 감축하면 인간과 자연은
환경에 적응할 수 있는 시간을 확보할 수 있다고 했다. 생태계가 보호되
면 자연은 인간의 삶을 지탱하고 인간도 기후위기를 극복할 수 있을 것
이므로, 지역, 국가, 더 나아가 지구적 차원에서의 협력과 대응이 필요
함을 피력하고 있다.

이 보고서는 여러 정책 결정시 유용한 과학적 근거가 되고, 장기적
으로는 2015년 유엔총회에서 채택된 소위 지속가능발전을 위해 시행
해야 할 세계적 공동 추진목표인 '유엔지속가능발전 목표UN SDGs: UN
Sustainable Development Goals' 달성에 이바지할 것으로 기대를 모으고
있다.

3개의 보고서 중 마지막으로, 2019년 '토지보고서'가 발간되었다. 주
요 내용은 기후변화가 토지에 미치는 영향으로 사막화, 토지황폐화와
이로 인한 식량안보 등을 다루었고, 지속가능한 토지관리의 중요성을
강조하였다.

앞서 언급된 '유엔지속가능발전목표'가 수립된 배경은 2000년부
터 2015년까지 시행된 새천년(즉 밀레니엄) 개발목표MDGs가 종료되고,

유엔 지속가능발전목표의 17대 목표.
출처: UN 홈페이지 참조
https://www.un.org/sustainabledevelopment/blog/2015/12/sustainable-development-goals-kick-off-with-start-of-new-year/

2016년부터 2030년까지 새로 시행되는 유엔과 국제사회의 최대 공동 목표로 채택된 것으로, 2030년까지 이행할 17대 목표 및 169개 세부목표로 구성되어 있다. 17대 목표는 3개 영역으로 구분할 수 있는데, 먼저 '경제 영역'에서는 ①빈곤 탈출, ②기아 해소와 식량 안보, ③건강과 웰빙, ⑧양질의 일자리와 지속가능 경제성장, ⑨지속가능 산업화와 사회 인프라 구축 등이 제시되었다. '환경 영역'으로는 ⑥깨끗한 물과 위생 보장, ⑦클린에너지, ⑫지속가능한 소비와 생산양식의 보장, ⑬기후변화 대응책, ⑭해양과 해양자원 보존, ⑮육상생태계 보존이 제시되었고, 마지막 '사회 영역'에서는 ④양질의 교육, ⑤양성평등, ⑩국가불평등 해소, ⑪포용적이고 안전한 도시와 주거지 조성, ⑯평화롭고 정의로운 제도 구축, ⑰글로벌 파트너십 활성화 등이 선정되었다.

한편 기후변화협약에 기반하여 출범한 정부 간 회의인 COP회의를 통해 회원국들은 다양한 강제이행협력을 체결해왔다. 가장 처음에 체결된 협약이 바로 '교토의정서'이다. 1994년 UNFCCC 발효 이듬해인 1995년 독일 베를린에서 개최된 기후변화협약 1차 당사국총회COP-1에서 기후변화협약의 구체적 이행방안으로 2000년 이후의 온실가스 감축목표에 관한 의정서를 1997년 기후변화협약 3차 당사국총회COP-3에서 채택키로 결정한 후, 1997년 일본 교토에서 개최된 COP-3에서 채택했다.

이 의정서는 지구온난화 규제 및 방지를 위한 'UN기후변화협약'의 구체적인 이행방안으로서 선진국들의 온실가스 배출감축 목표치를 규정한 강제 규약으로 의정서 채택 전까지 온실가스 감축목표와 감축일정, 개발도상국의 참여문제로 선진국 간, 선진국과 개도국 간 심한 대립을 겪기도 했으나, 결국 2005년 2월 발효되었다.

당시 의무이행 대상국은 호주, 캐나다, 미국, 일본, EU 등 37개국이며, 이들 나라는 2008~2012년까지를 교토의정서 제1차 감축공약 기간으로 하여 온실가스 총배출량을 1990년 대비 평균 5.2% 감축하고, 또한 토지이용 변화와 삼림에 의한 온실가스 제거를 의무이행 당사국의 감축량에 포함시켰다. 이에 EU는 2012년까지 8% 감축목표인 데 반해 일본은 6% 감축 등 목표량이 각기 달랐으며, 감축대상 온실가스로 이산화탄소 등 6가지를 지정했다. 한국은 COP-3에서 기후변화협약 상의 개도국으로 분류되어 의무대상국에서 제외되었으나 몇몇 선진국들은 감축목표 합의를 명분으로 한국, 멕시코 등도 선진국과 같이 2008년부터 자발적 의무부담을 할 것을 요구하여 COP-4 회의 기간 중 아르헨티나, 카자흐스탄 등 일부 개도국이 자발적으로 의무를 부담할 것을 선언하기도 하였다.

이어 1차 감축 공약기간이 끝나는 2012년, 카타르의 수도 도하Doha에서 열린 COP-18에서 2013년부터 2020년까지 8년간을 교토의정서 제2차 감축 공약기간으로 설정하고 온실가스를 1990년 대비 25~40% 감축하기로 합의하였다. 의무감축 대상국은 EU와 호주, 스위스를 비롯한 37개국이었는데, 미국, 러시아, 일본, 캐나다 등 전 세계 배출량의 거의 절반을 차지하는 주요 국가들이 불참하였다. 우리나라는 이 기간에도 마찬가지로 개도국으로 분류가 되었으나, 자발적으로 선진국과 함께 온실가스 감축을 약속하였다. 2008년부터 2012년까지의 1차 감축 공약 기간은 각국 의회의 승인을 받아 법적 구속력을 가진 반면 2차 공약기간(2013~2020)은 각국 정부 차원의 약속으로 법적인 구속력을 갖지 못했으며, 배출량 세계 1위 중국과 세계 3위 인도는 개도국이라는 이유로 감축의무가 부과되지 않아 실효성에 논란이 일기도 했다.

파리기후변화협약

이어 2020년 만료된 '교토의정서'를 대체하여 2021년 1월부터 적용될 기후변화 대응을 담은 새 기후변화 협약인 '파리기후변화협약Paris Agreement'이 2015년 프랑스 파리에서 열린 COP-21에서 채택되었다. IPCC 제5차 평가보고서에 기반하여 체결된 이 '파리협약'은 선진국에만 온실가스 감축의무를 부과했던 '교토의정서'와 달리 195개 당사국 모두에게 구속력을 가진 첫 기후합의라는 점에서 역사적 의미가 크며, 2020년 이후(Post 2020) 새 기후변화 체제의 수립을 알리는 합의문 성격을 지닌다.

다만 각국이 제출한 자발적 감축목표NDCs: Nationally Determined Contributions에 부여하려던 국제법상 구속력은 결국 제외되어 한계가 있다. 회원국은 '파리협약'에 따라 2020년까지 감축목표를 제시하고 5년마다 상향된 목표를 제시해야 한다. 또한 2020년까지 '2050년 장기 저탄소 발전전략' 제출을 의무화하였고, 배출감축 목표달성을 점검하기 위한 국제사회의 종합적 이행점검 시스템을 도입해 2023년에 최초로 실시한다는 원칙에 합의하였다.

이러한 '파리협약'은 당사국 중 55개국 이상, 그리고 참여비준을 마친 국가들의 배출량이 전체 배출량 총합에서 차지하는 비중이 55% 이상에 해당될 때 발효된다는 두 가지 조건이 충족되면서 지난 2016년 11월에 발효되었다. 회원국은 지구 평균기온 상승폭을 산업화(1860년) 이

UNIPCC UN산하 기후변화에 관한 정부 간 협의체

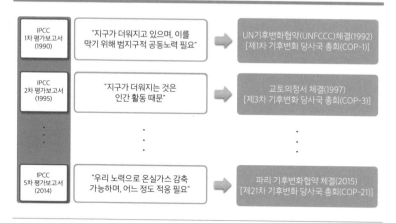

UNIPCC와 기후변화협약 간 관계도

전 대비 2℃ 이하의 상승으로 유지하고, 1.5℃ 이하로 상승하도록 억제한다는 것을 공동목표로 채택하였다. '파리협약'은 2016년 발효 후 3년간 탈퇴불가 조항이 있었는데, 3년이 지난 2019년 11월 미국의 트럼프Donald Trump 전 대통령은 탈퇴절차에 착수하여 공식탈퇴를 하였다. 그래서 국제사회는 지구온난화 방지를 위한 지구촌의 온실가스 감축노력에 차질이 빚어질 가능성이 크다는 우려를 제기하였으나, 2021년 새로부임한 바이든Joe Biden 대통령은 '파리협약' 당사국으로 재참여를 선언하고 복귀하였다.

북극 문제해결의 열쇠
: 과학연구 이슈

 기후변화와 관련해 과학연구도 북극의 문제해결 측면에서 매우 중요한 이슈이다. 사실 과학기술은 과학기술 그 자체보다는 기후변화와 같은 문제를 해결하기 위한 요소나 수단으로서 기능적인 중요성이 크다. 또한 북극 공간의 광활성과 지구과학부터 기후대기, 생물, 빙하 등 북극연구 주제의 광범위성으로 인해 과학연구에서는 국제사회의 협력과 조율이 필요하고, 연구와 조사의 효율성을 위해 쇄빙연구선 같은 과학인프라의 공동활용이 필수적이다.

 이러한 협력과 조율, 공동활용 등을 주도하기 위해 북극 과학 거버넌스 체계가 형성되어 있는데, 대표적으로 비정부 국제과학기구인 국제북극과학위원회IASC가 그것이다. IASC에는 우리나라와 같이 북극에서 과학연구를 하고 있는 23개국의 북극 연구기관이나 연구조직이 회원으로 참여하고 있다. 해당 연구기관 소속 과학자들은 대기, 빙권, 해양, 육상, 사회&인간 등의 5개 그룹으로 나뉘어 분야별로 회원국 대표 과학자들과 교류하고 있다.

필자는 사회&인간 그룹의 대표로 등록되어 있다. 매년 회의에 참여하여 다른 회원국의 사회&인간 그룹 대표들과 교류를 하며, 극지연구소의 북극사회과학 연구활동을 소개하고 다른 나라의 관련 연구동향을 파악한다.

이외에도 태평양 측 북극의 과학연구에 대한 계획과 협력, 조율을 위한 태평양북극그룹PAG, 북극연구에서 연구 인프라의 원활한 공동활용과 물류보급Logistics의 최적 지원을 위한 협력기구로 북극연구운영자포럼FARO이 있다. 이러한 기구의 우리나라 대표는 물론 실제로 북극연구와 연구 인프라를 운영하고 있는 극지연구소가 맡고 있다.

이 같은 북극 연구 거버넌스 체계에서 가장 최근의 대표적인 북극연구 국제공동 프로젝트는 모자익MOSAiC: Multidisciplinary drifting Observatory for the Study of Arctic Climate이었다. 모자익 프로젝트는 글로벌 온난화의 진앙지로서 북극에 대해 더 가까이 관측하고, 글로벌 기후변화에 대해 더 깊이 이해하기 위한 기본 통찰력Insight을 획득하는 것을 목표로, 한국을 포함하여 20개 국 90여 개 연구소의 450여 명 연구진이 참여한 대형 프로젝트이다. 독일의 쇄빙연구선인 폴라슈테른

북극해 '모자익 프로젝트'를 설명하는 인포그래픽.
출처: 웹사이트 참조 https://www.arctic.ac.uk/research/mosaic/

Polarstern이 해빙 사이에서 표류 역할을 하며, 중국, 스웨덴, 러시아 등의 쇄빙연구선들이 후방 보급을 맡는 등 총 7척의 쇄빙연구선과 연구장비를 포함한 인프라를 활용했으며, 총 1억 4,000만 유로의 예산이 투입되었다.

모자익 프로젝트

이 프로젝트는 정확히 128년 전 노르웨이 탐험가 난센Fridtjof Nansen

이 목선으로 시도했던 첫 표류탐험
(1893~1896)에서 힌트를 얻어 시작
되었다. 당시 과학자이자 탐험가였
던 난센은 목선 프람Fram 호를 타
고 1893년 노르웨이 베르겐Bergen을
출발했다. 항해의 목적은 북극 러
시아 동북극해의 뉴시베리안 제도
New Siberian Islands에서 해빙에 갇혀
표류하며 북극점에 도달하는 것이
었다. 그는 실제로 18개월을 표류한

탐험가 난센.
사진 출처
셔터스톡(shutterstock) 웹사이트 https://
stocksnap.io/search/nansen

뒤, 배를 남겨두고 동료와 함께 개와 썰매 등을 통해 북극점 공략에 나
섰다. 당시 비록 북극점에 도달하지는 못했으나 최고 북극 위도지역(86°
13.6′N)까지 도달하는 기록을 세우고, 러시아 북극 제믈랴프란차이오시
파 제도Zemlya Frantsa-Iosifa에 무사히 도달했다. 그 사이에 프람호는 북
극 서쪽지역으로 표류를 계속하여 마침내 북대서양 바다에 그 모습을
다시 드러내면서 그의 도전은 막을 내렸다.

　난센의 탐사 이후 북극 해빙에서 무동력 표류탐사 및 연구를 시행한
적은 없었다. 모자익 프로젝트가 처음이다. 이 프로젝트는 겨울철 북극
점 근처에서 연구장비를 탑재한 쇄빙연구선을 표류시켜 기후변화 영향
및 환경변화를 관측하고 데이터를 획득하였다. 연구팀은 2019년 9월부

터 2020년 10월까지 13개월 동안 북극 해빙에 정박한 독일의 쇄빙연구선 폴라슈테른호에서 북극 환경변화를 종합적으로 관측하였다. 그 사이 폴라슈테른호는 북극점을 포함해 북극해 약 2,500km 거리를 해빙에 갇힌 채로 무동력 표류했다.

탐사기간 중인 2019년 10월과 2020년 2월 사이는 24시간 밤이 이어지는 극야였고, 최저 −40℃(체감온도 최저 −65℃)의 추위와 눈폭풍(블리자드)으로 인한 극한 상황이 이어졌다. 그로 인해 연구장비가 파괴되기도 하고, 코로나로 인해 연구 스케줄이 변경되는 등 어려움이 많았으나, 각국의 협력과 지원으로 탐사 프로젝트는 무사히 끝났다. 특히 눈, 얼음, 대기, 해양, 생태계 등 연구시료 3만여 개를 확보하여 앞으로 수십 년간 연구할 수 있는 데이터를 확보한 것이 큰 수확으로 알려졌다. 이러한 데이터는 완전히 새로운 수준으로 기후연구를 수행할 기회를 갖게 될 전 세계 과학자들에게 제공될 예정이다.

우리나라는 극지연구소의 원격탐사빙권정보센터가 이 프로젝트에 참여하여 우리 위성인 아리랑 2·3·5호가 보낸 탐사자료(위성 해빙 사진)를 분석해 예상 항로에 위치한 해빙의 특성을 파악하고 현장활동이 안전한 지역들을 찾아내 현장탐사팀에 과학정보를 제공하는 역할을 하였다.

해양을 자동 매핑Mapping 중인 항해용 드론(세일드론).
출처: 세일드론 홈페이지 https://www.saildrone.com/solutions/ocean-mapping

드론, 하늘 아닌 바다에서도 다닌다

북극에서는 연구 인프라도 과학연구 수행을 위해서는 없어서는 안 되는 키 역할을 한다. 미국에서는 공중에서 날아다니는 일반 드론 대신 북극의 바다를 마치 카약처럼 누비며, 사람이 쉽게 접근할 수 없는 곳에서 연구활동을 펼치는 자동항해 드론인 세일드론Saildrone이 주목받고 있다. 이 드론은 자동으로 항해하면서 해양 데이터를 획득하고 해양의 관할영역을 탐사한다.

또한 북극연구를 위한 핵심 인프라로 쇄빙연구선이 있다. 우리나라는 2009년 아라온Araon이 건조되어 매년 남북극을 누비면서 연구를 지원하고 기지에 물자를 보급하는 역할을 맡고 있다. 중국도 2척의 쇄빙연구선을 통해 남북극 연구지원 및 보급을 하고 있으며, 일본도 기존의 쇄빙연구선 시라세Shirase 외에 추가 쇄빙연구선을 건조할 계획이다.

북극권 바다에 사는 스노우크랩

사진 출처
https://alaskaseafood.site/alaska-products/alaska-crab/snow-crab/

북극곰(미국 알래스카주).

사진 출처
https://unsplash.com/s/photos/polar-bear

기후변화로 인한 북극 생태계 변화나 서식처 이동도 주요 이슈이다. 바다생물의 서식처 이동과 관련해 최근 조사에 따르면, 우리 식탁에 자주 오르는 노르웨이산 고등어로 잘 알려진 북서대양 고등어는 영국 해역의 섬들과 북해의 서쪽 해역에서 번식한 후 여름 시즌 먹이를 따라서 노르웨이 해역으로 이동한다. 그런데 기후변화로 수온이 오르면서 2010년부터 북대서양에서 서식하던 고등어가 좀더 서쪽으로 이동하였다. 그로 인해 기존에 그린란드 쪽으로도 오던 고등어 개체수가 2019년 기준으로 더 감소하여 그린

선상에서 포획한 스노우크랩을 분류하는 모습
출처: https://www.youtube.com/watch?v=v3yrc49XXGU

란드 고등어 어획량이 예상치의 절반을 상회하는 수준에 머물렀다. 기존의 예상대로 잡혔다면, 그린란드는 고등어로 525만 US달러 규모의 수입을 얻을 수 있었다.

또한 킹크랩보다 조금 작은 스노우크랩이라는 대형 게도 1990년대부터 러시아 측 바렌츠해Barents Sea에서 출몰하여 러시아의 주요 수입원이 되었으나 기후변화로 그 개체들이 조금씩 서쪽으로 이동해 공해 또는 노르웨이 해역까지 출몰하기도 하는 등 북극 생태계 변화도 국가 간 관심사가 되고 있다.

기후변화로 인해 멸종위기종이 늘어날 수도 있다. 북극의 기후변화로 북극곰의 서식처가 파괴되면서 2008년 5월 미국 '멸종위기종보호법 Endangered Species Act'은 북극곰을 멸종위기종으로 지정했다.

이러한 생태계 파괴는 비단 북극만의 문제가 아니다. UNIPCC에 따르면 기후변화가 앞으로 계속되면 2050년까지 현재 지구상에 존재하는 종 가운데 20~50%가 사라질 것이라고 경고하고 있어 생태계 보호를 위한 지속적인 대책이 필요하다.

최근 불거진 군사안보 이슈

'지정학적 안보 이슈'도 앞으로 북극권에서 주목해야 할 중요한 이슈 중 하나이다. 안보Security란 말은 초기 통치주권Sovereignty 수호에서 나왔으며, 이는 국가와 연계된 개념임을 알 수 있다. 또한 학문적인 측면에서 보면, 안보는 군사안보에서 시작하여 점차 포괄적인 개념으로 발전해나갔다. 즉, 환경/생태 안보, 인간 안보(질병, 경제, 기후변화 적응, 자원 확보) 등으로 그 개념이 확장되었다. 또한 개인 안보(예: 위협으로부터의 개인안전) 및 커뮤니티 안보에서 국가 안보로, 그리고 물질Material에서 비물질Immaterial(정체성 등)로 적용범위가 확대되었다.

현재 북극의 안보를 살펴보면, 미국의 폼페이오Mike Pompeo 전 국무부 장관(우리나라 외교부 장관에 해당)은 2019년 북극권 국가 8국(미국, 캐나다, 러시아, 노르웨이, 덴마크/그린란드, 스웨덴, 핀란드, 아이슬란드) 간 외교포럼인 북극이사회 각료회의(장관회의)에서 북극을 '글로벌 파워와 경쟁의 지역An arena of global power and competition'으로 새롭게 정의하였다. 기존의 북극이사회가 북극권 국가 간 협력을 도모하면서 "북극을 국제협력과 평화의 무대"로 보던 것에서 상당히 달라진 것이다. 여기서 '글로벌 파워'란 미국, 러시아, 중국 등 강대국을 가리킨다.

그간의 북극 연구들을 살펴보면, 북극을 평화 또는 환경의 측면에서 '지구시스템 임계점 제시 구역A tipping point for the earth system', '오염물질 종착지 또는 오염물질 저장소A sink for pollutants', '글로벌 이슈 지역A global arctic', '평화의 구역A zone of peace', '북극 예외주의Arctic exceptionalism(북극 군사 예외지역)', '고위도 저긴장 지역High latitude and low tension', '원주민의 고향A homeland'부터 안보 및 자원을 강조한 의미로 '새로운 냉전지역A new cold war', '신흥 충돌구역Emerging conflict', '강대국 경쟁지역Great power rivalry', '엘도라도Eldorado(황금의 지역)', '자원경쟁지역A race for resources' 등 다양한 표현으로 묘사해왔다.

북극, 신냉전시대 도래 우려

그렇다면 최근 북극의 지정학적 안보를 살펴볼 필요가 있다. 현재 북극에 대해 신냉전시대가 도래했다고 진단하는 전문가들이 있다. '냉전시대'라고 하면 제2차 세계대전 후 미-소 간 양극체제 하에서 사회주의 진영과 자본주의 진영 간 정치·외교 및 이념 갈등이나 군사적 위협이 잠재했던 갈등시대라고 할 수 있는데, 이 시기는 1991년 구舊소련이 붕괴되면서 끝이 났다. 구소련의 붕괴과정은 1990년 6월 12일 러시아가 소련으로부터 독립을 의미하는 주권선언을 채택하면서 시작되었고, 1991년 12월 25일 미하일 고르바초프Mikhail Gorbachev 당시 소련 대통령이 대국민 담화를 통해 대통령직의 사임을 발표하면서 마무리되었다.

이러한 독립의 과정 속에서 러시아는 북극을 국제사회에 본격 개방하였다. 러시아에 속해 있는 북극을 살펴보면, 전체 환북극 해안선의 53%를 차지한다.* 앞서 설명하였듯이 러시아는 자국 북극권 국토에 막대한 에너지 자원이 매장되어 있어 자원의 보고로 꼽히고 있으며, 북동항로 관리에 따른 인프라 건설과 에너지 수출, 쇄빙선박 발주가 활발하여 국제사회의 주목을 받고 있다. 또한 앞서 말한 대로 북극권 권역의 절반 이상을 러시아가 차지하고 있어, 러시아를 빼놓고는 북극 전반의 연구성과로 인정받기에 미흡한 측면이 많다.

이처럼 지정학적 측면과 자원, 그리고 북동항로, 과학연구에서 중심에 서 있는 러시아는 북극에서의 안보강화 차원에서 군비확장과 훈련을 강화하고 있다. 지난 2015년 러시아 북극권을 관할하기 위한 북부합

---

* 경도를 기준으로 러시아의 국토를 살펴보아도 북극점을 기준으로 동위 30도부터 동위 190도까지의 40%를 러시아 국토가 차지하고 있으며 이 경도에 러시아 북극지역이 위치하고 있다.

동전략사령부를 창설했고, 4개 여단급 부대를 창설했으며, 군 활주로 14개, 전용 항구 16곳을 새로 만들었다. 또한 현지 군사기지를 복구하고 재건설하면서, 운송 인프라 확충 등에 박차를 가하고 있다. 야쿠티야Yakutia 공화국 북부도시 틱시Tiksi 등에 미사일 방공 시스템 포대를 배치하는 등 북극권 군비도 강화하고 있다.

한편 겨울철 얼음판 활주로 기술을 개발 중으로, 이 기술이 완성되면 얼음 위에서도 전투기가 뜨고 내릴 수 있어 북극에서 러시아의 군 기동력이 강화될 전망이다. 또한 러시아 핵잠수함 3척이 2021년 3월 한꺼번에 1.5m 얼음을 깨고 수면 위로 올라오는 시연을 보이기도 하는 등 북극권 해군 활동도 강화하고 있다.

러시아는 또한 북극에서 중국과의 협력관계도 유지하고 있다. 2018년 러시아 극동군이 참여한 보스토크Vostok(동방) 군사훈련에 중국군이 참여하였다. 그 후 국제사회에 논란이 일자 러시아는 중국과 북극에서 군사동맹은 아니라는 입장을 표명하였다. 러시아도 중국의 북극 영향력 확대는 크게 반기지 않으나, 자국의 북극권 인프라 구축이나 자원협력 파트너로서 중국의 참여나 중국의 북동항로 활용에는 적극적인 입장이다.

중국은 2018년 '북극정책백서'에서 근북극 국가로 자칭하고, 이러한 지정학적 위상을 기반으로 북극 안보 이슈에 관여하며 북극 관광이나 북동항로를 빙상 실크로드로서 중국의 새로운 물류 및 교통의 중심축으로 활용한다는 계획을 발표했다.

또한, 중국은 북극권 국가인 아이슬란드와 2013년 FTA를 체결하여 북극권 자원확보 및 북극권 경제활동 교두보를 마련하였다. 그리고 중국 내 1위 해운사인 코스코쉬핑Cosco Shipping도 북동항로를 활용하는 화물운송 노하우를 지속적으로 축적하고 있다. 한편 지난 2016년에는 중국 기업이 그린란드의 옛 미군기지 매입을 시도하였으나 덴마크 정부의 개입으로 무산되었고, 중국이 그린란드 국제공항 건설에 참여하는 계획도 추진하였으나 공항운영권까지 소유하게 되는 내용이 포함되어 있어 최종 계약은 불발되었다.

최근에는 중국 산둥금광Shandong Gold Mining Co.이 캐나다 북극 누나뷰트 지역의 도리스 금광을 운영하는 TMAC Resources 주식회사를 2억 3,000만 캐나다 달러(약 1,970억 원 규모)에 인수하는 것을 추진하였으나, 북극의 광물지배권 강화 및 남중국해와 같이 중국의 북극지역 영향력 확대처럼 비춰져 2020년 말 캐나다 정부가 불허 결정을 내렸다. 중국의 지속적인 북극 경제 진출에 북극 국가들이 경계를 보내는 상황이다.

특히, 중국의 근북극 국가 주장에 대해 2019년 미국의 폼페이오는 "북극선 66.33도와 중국의 가장 짧은 거리는 900마일(1,448km)인데 근북극 국가라는 주장은 맞지 않는다"고 반박하였다. 그는 특히 "북극에는 오직 북극 국가와 비북극 국가만 존재하며 제3의 범주는 존재하지 않는다"며, 러시아에 대해서도 "북동항로 관리를 통해 (북극) 패권을 시도

미 해양경비대의 폴라스타호 쇄빙선.
출처: 미국해안경비대(USCG) 홈페이지
https://www.pacificarea.uscg.mil/Our-Organization/Cutters/cgcPolarStar/

하고 있다"고 비판했다.

   미국은 이러한 입장과 함께 북극에서의 군사력 강화를 계획하고 있다. 2019년 미 국방부 '북극전략보고서'에서도 "미국은 북극 국가이다. 북극 안보환경은 미국 안보이익과 직결된다"고 천명하였다. 다음해인 2020년에는 해안경비대가 운영하는 쇄빙선 폴라스타Polar Star 호 외에 추가 쇄빙선 건조 추진 계획을 발표했다. 또한 미 항공모함인 해리투르먼Harry Truman 함이 2018년 나토 연합훈련에 참가하여 노르웨이 북극해에서 일주일간 혹한기 전투훈련을 시행하기도 하였다. 특히 2020년 5월에는 냉전종식 후 처음으로 미·영 해군함정이 러시아 북서부 북극 연안인 바렌츠해에서 공동훈련을 실시하였다. 이는 최근 북극해에서 군사력을 증강하고 있는 러시아에 대한 대응의 일환이자 러시아와 노르웨이 사이의 바다에서 러시아 주력 해군이 유럽으로 진출하는 전략적 요충지에서 훈련을 시행했다는 점, 그리고 북대서양조약기구NATO의 소위 북진정책의 일환이었다는 점에서 상징성을 가진다. 결국 서방진영과 러시아가 북극에서 냉전적 대립을 재연하면서 새로운 냉전시대로 회귀하는 게 아니냐는 우려를 낳고 있다.

미 폼페이오 "중국의 북극 진출 매우 우려"

한편 미국은 중국의 북극 진출을 중국의 남중국해 진출과 같은 시각으로 보고 있다. 남중국해는 중국 남쪽과 인도차이나 반도Indochina Peninsula, 말레이 반도Malay Peninsula와 필리핀, 대만 등으로 둘러싸인 바다로 그 면적이 124만 9,000㎢에 이른다. 이곳은 110억 배럴의 석유와 190조 큐빅피트의 천연가스가 매장된 에너지의 저장고이며, 매년 약 3조 4,000억 달러 규모의 해상교역이 이뤄지는 곳이다. 특히 한국, 중국, 일본의 에너지 수입원 80~90%가 통과하는, 전략적으로 매우 중요한 지역이다. 이곳에서 중국, 베트남, 필리핀, 말레이시아, 대만 등이 영유권 분쟁을 벌이고 있다.

중국은 남중국해의 80%에 달하는 수면에 대한 역사적 권리를 주장하는 가운데 남중국해에서 군사활동을 유지하고 있으며, 또 다른 영유권을 주장하는 이해관계국(필리핀과 베트남, 말레이시아, 브루나이 및 인도네시아 등)들은 대부분 중국에 맞서는 형국이다. 미국은 남중국해가 국제수역으로 많은 나라가 항행의 자유를 원하는 지역이며, 자국의 안보와도 연결되는 국제수송로 확보 및 평화유지를 위한다는 입장에서 중국을 견제하면서 군사활동을 하고 있다. 최근까지도 미국은 남중국해에서 기동훈련을 가속화하고 있으며, 매년 여러 차례 항행자유수호작전 FONOP: Freedom of Navigation Operation과 함께 근접정찰작전을 펴고 있다. 중국은 이러한 미국의 행동에 반발하는 상황이다.

2019년 당시 미국의 국무부장관이었던 폼페이오는 북극이사회 각료회의 연설에서 남중국해에서의 중국의 군사행동을 예로 들면서 "중국이 다른 지역에서 보여준 공격적인 행동방식은 우리가 어떻게 북극 문제를 다뤄야 하는지 알려준다. 북극해가 군사화와 경쟁적인 영유권 주장으로 가득한 또 하나의 남중국해가 되기를 원하느냐"며, 중국의 북극 진출을 우회적으로 비판하였다. 또한, 중국의 일대일로 실크로드 전략에서 동남아 국가에 인프라를 제공하는 조건으로 론(자금 대여)을 제공하였으나 일부 관료부패 등으로 이어졌다며, 중국의 북극 인프라 건설 참여도 이 같은 전철을 밟을 수 있다는 우려를 제기하였다.

2014년 러시아의 우크라이나 크림 반도 합병 후 미국은 러시아 제재를 지속하고 있다. 미국은 현재 1953년 지어진 그린란드 북쪽의 툴레 공군기지를 활용하고 있으며, 알래스카주에 공군기지, 육군기지 및 해안경비대 기지들을 운영하고 있다. 우리나라는 2019년 공군이 알래스카 미 공군 훈련에 참여한 바 있다.

캐나다군은 매년 북부 군사훈련인 나눅작전Operation Nanook을 개최한다. 2020년에는 북극의 험난한 환경에서의 역량을 검토하기 위해 미국, 덴마크, 프랑스 등 나토 동맹국과 함께 훈련하였다. 이 훈련은 나토와는 별개의 훈련으로 북극 안보작전의 일환이며, 특히 프랑스는 비북극권 국가임에도 해안경비함을 파견하여 얼음으로 뒤덮인 항로 등의 극한지 바다에서 공동작전 노하우를 쌓았다.

노르딕(북유럽) 국가 간 방위협력도 있다. 2009년 체결된 노르딕 방위협력Nordefco: Nordic Defense Cooperation으로, 회원국은 덴마크, 핀란드, 아이슬란드, 노르웨이, 스웨덴 등 5개국이며 상호협력 활동을 한다. 또한 유럽 최대의 연합공군훈련인 북극도전훈련Arctic Challenge Exercise도 지난 2009년부터 격년으로 개최되고 있다. 이 훈련에서는 노르딕국가와 미국은 물론, 영국, 독일, 네덜란드, 프랑스 등 비북극권 유럽국 등 총 10개국 이상에서 100대 이상의 공군기가 참여하여 연합작전을 수행한다. 이 훈련은 단순한 연합훈련이 아니라 노르딕 국가와 미국, 유럽 간에 북대서양과 북극에 대한 안보와 이해관계를 공유하는 기반을 강화하고자 실시되는 작전이다. 이와 함께 2019년 겨울철 스웨덴 북동쪽에서 열린 육군훈련Northern Wind 2019에서는 노르웨이, 핀란드, 미국, 영국 등에서 온 7,000여 명의 군인들을 포함하여 총 1만여 명의 군인들이 혹한기 육상 기동력 강화의 일환으로 연합훈련을 실시하였다.

북유럽, 집단방어체제로 안보 유지

러시아와 육상 및 바렌츠해라는 바다를 중심으로 국경이 맞닿은 노르웨이는 나토와의 협력을 통해 집단방어체제를 유지하고 있다. 노르웨이 국방부는 네 번째 군정보수집선 마르하타Marjata의 모항을 하스타드Harstad로 지정한 뒤, 러시아와의 접경해역인 바렌츠해에서 정보수집 활동을 실시하고 있다. 또한 노르웨이는 '콜드 리스펀스 훈련Cold Response Exercise'을 거의 매년 개최하는데, 2020년 3월에 개최된 이 훈련에는 미국, 영국, 독일, 프랑스, 네덜란드, 벨기에, 덴마크, 핀란드, 스웨덴 등 비북극권 나토회원국들을 포함한 총 16개국 1만 6,000여 명의 군인들이 연합훈련을 하였다. 그 외에도 '트라이던트 정처Trident Juncture'라는 훈련도 개최되는데, 이는 집단방어 시나리오에 따른 나토와 노르웨이 간 연합훈련으로 2018년 노르웨이, 핀란드, 스웨덴 등에 분산되어 총 31개국 5만여 명의 군인들이 훈련에 참가하였다.

이처럼 북유럽 국가들은 나토 회원국으로, 또는 스웨덴과 핀란드처럼 나토 회원국은 아니지만 노르웨이와의 연합훈련이나 자체훈련을 다국적 형태의 연합훈련으로 진행하는 등 다양한 채널로 군사훈련을 하면서 집단방어체제에 협력하고 있다.

한편 2020년 9월 스웨덴 영해에 러시아 군함이 침입해 모스크바에

항의하는 상황이 발생하는 등 북극권 전반에 안보긴장감이 높아지고 있다. 스웨덴은 2020년에 향후 5년간 국방부 예산의 40%를 증액하고 병력을 2배 이상 확충하는 계획을 추진키로 했다.

대륙붕은 에너지 자원이 매장되어 있는 곳으로 이곳을 영토로 갖게 되면 심해저의 광물자원 등 해저의 자원을 확보할 수 있어 국가 간 이해관계가 강한 이슈이다. 북극해에서도 지속적으로 대륙붕 이슈가 제기되어왔다. 현재 국가 간 대륙붕 경계에 대한 이견이 있을 때, 대륙붕의 연장진위에 대한 판단권고를 UN대륙붕한계위원회UNCLCS에서 내린다. 1997년에 출범한 이 위원회는 200해리 바깥 외측 한계에 대한 자료를 검토하여 이를 권고하는 권한을 가지며, 이를 근거로 각국은 대륙붕 경계를 주장한다. '유엔해양법협약UNCLOS' 76조 8항에 의거 회원국의 대륙붕이 기선(육지와 바다가 만나는 부분) 기준 200해리(1해리=1,852km)를 넘어 자연적으로 이어진다고 판단될 경우 대륙붕 연장에 대한 과학조사를 한 후 심사서류를 위원회에 제출하여 심사를 받는다.

러시아는 2015년 로모노소프Lomonosov 해령 등 북극점을 포함한 광역권 바다에 대한 연장 서류를 제출하여 2019년에 UNCLOS로부터 긍정적인 입장을 얻어냈고, 2020년 러시아 회사는 러시아 북극권 영토 대륙붕 외측한계에 대한 추가 지질 및 지구물리 조사를 완료했다. 이러한 러시아의 북극해 대륙붕 연장에 대해, 덴마크 등도 일부 겹치는 지역에 대해 연장신청서 제출을 추진하고 있고, 캐나다도 준비 중으로, 이들 국가 간 갈등요소가 상존한다.

북극해 직접 인접국인 A5 협력

북극권 8개국 중 북극해를 접하는 5개국(미국, 캐나다, 러시아, 노르웨이, 덴마크/그린란드)과 북극해를 직접 접하지 않는 3국(아이슬란드, 스웨덴, 핀란드) 간 입장은 서로 다르다. 북극해 인접 5개국은 A5Arctic 5로 불리며, 지난 2008년 이 국가들 간 외교장관회의를 열고 일명 '일루리샷 선언문Ilulissat Declaration'을 발표하였다. 당시 덴마크가 그린란드의 대표적 관광지 일루리샷으로 연안국 외교장관을 초청하여 외교회의를 개최하고 도시 이름을 따라 합의문(즉, 선언문: Declaration)을 발표한 것이다.

이 선언문은 7개의 문장으로 구성되어 있으며, 그 내용은 △북극해에 인접한 연안국(A5)들의 북극해에 대한 주권적 권리와 관할권 강조, △북극해에서 배타적 경제수역EEZ 이원지역에 대한 대륙붕 권리, △남극조약과 같이 북극에서의 포괄적인 별도의 조약은 불필요, △북극 해양환경보호와 해난사고에 대한 5개국 간 협력강화 등을 담았다. 북극해가 이 5개국 간의 이해관계에 놓여 있다는 점을 강조한 것이다.

한편 2018년 같은 곳인 일루리샷에서 '중앙북극해 공해 비규제어업 방지협정CAOFA: The Agreement to Prevent Unregulated High Seas Fisheries in the Central Arctic Ocean'이 체결되었다. 앞서 대륙붕 한계 연장이 심해저 밑의 땅속 자원을 관할하는 내용을 담고 있다면, 이 협정은 그 땅 위의 해양, 즉 바다에 사는 공해지역 생물자원 관리를 위한 것이라고 할 수 있다. 이로써 북극의 광물자원부터 생물자원까지 관련 규정들이 정비된 셈이다.

이 협정은 북극해 공해에서 생태계 조사와 생물자원 현황을 파악하기 전까지는 상업적 어업을 원칙적으로 금지하고 있다. 현재 북극해는 해빙으로 뒤덮여 있으나 기후변화로 해빙이 사라지면 원양어업을 하는 나라들이 북극 공해에서 과도한 수산활동을 벌여 생태계를 파괴할까 우려하여 이를 예방하는 차원에서 맺어졌다.

이 협정에는 A5 국가들 외에 한국, 중국, 일본, 아이슬란드, EU 등 10개국이 초기 회원국으로 참여하였다. 이들은 협정이 발효되면 북극해의 생태계 현황을 파악하기 위해 쇄빙연구선 등을 활용하여 과학연구 및 모니터링과 함께 이러한 조사를 지원하기 위한 시험조업을 수행하게 된다. 또한 시험어업 규칙과 북극 공해에서 수산업을 관리하는 지역수산관리기구를 설립하게 된다. 우리나라는 2019년 10월에 외교부가 국내 법적 절차를 마치고 기탁국(캐나다)에 기탁 완료를 하였다. 지금은 중국을 제외한 9개국이 국내법 절차(비준)를 완료하였는데, 중국도 올해 5월 26일 비준서류 기탁 완료를 발표하여 CAOFA 협정이 2021년 6월 25일자로 발효되었다. 이 협정이 효력을 발휘하면 우리나라 아라온을 비롯해 북극해에서 활약하는 쇄빙연구선들이 이 협정 이행을 위해 북극해 생물자원 및 생태계 조사에 참여하게 될 것으로 전망된다.

나토 산하에는 군사기구로 유럽연합군이라 불리는 '나토군'이 있다. 나토군은 세계 최대의 다국적군으로 1950년대부터 공동작전을 수행하고 있다. 특히 서독이 1955년 나토에 가입하자 소련 등 공산권 국가들은 이에 대항하는 조치로 나토에 버금가는 지역 안보기구인 '바르샤바조약기구'를 창설하였다. 이 기구는 구소련 및 동구권 위성국가들로 구성된 방위기구였으나, 1991년 구소련 붕괴와 함께 해체되었다. 그러자 나토의 체제존립 문제가 대두되었다. 이에 나토는 미국의 주도로 지역분쟁에 대처하는 유럽 안보기구로서의 신전략체제를 채택하였다. 그리

참고

나토NATO는 북대서양조약기구North Atlantic Treaty Organization의 약칭으로 제2차 세계대전 후 동유럽에 주둔하고 있던 구소련군과 군사적 힘의 균형을 위해 체결한 집단방위기구이자 국제적인 군사협력기구로, 본부는 벨기에 브뤼셀에 있다. 1949년 4월에 조약이 체결되어 같은 해 8월 24일 발효되었다. 회원국은 캐나다, 덴마크, 아이슬란드, 노르웨이, 미국 등 북극이사회 회원 5개국을 포함하여 총 30개국이다. 또한 유럽국 외에 캐나다와 미국이 회원국으로 참여하고 있는 점도 눈여겨볼 만하다.
나토의 회원국은 알바니아, 벨기에, 불가리아, 캐나다, 크로아티아, 체코, 덴마크, 에스토니아, 프랑스, 독일, 그리스, 헝가리, 아이슬란드, 이탈리아, 라트비아, 리투아니아, 룩셈부르크, 몬테네그로, 네덜란드, 북마케도니아, 노르웨이, 폴란드, 포르투갈, 루마니아, 슬로바키아, 슬로베니아, 스페인, 터키, 영국, 미국 등 30개국이다.
북극이사회 회원국 중 핀란드 및 스웨덴은 국제사회의 중립국으로 나토에 포함되지 않는다. 중립국이란 국가 간 분쟁이나 전쟁이 발발했을 때 관여하지 않고 중립 입장을 견지하는 국가를 일컫는다.

벨기에 브뤼셀에 있는 나토 본부.
출처: NATO 홈페이지 https://www.nato.int/cps/en/natohq/topics_49284.htm

고 유럽 일부 지역에서 발생하는 불안정 요소가 전체 회원국에게 위협이 될 수 있다는 논리를 내세워 1999년에 유엔 결의 없이 코소보를 단독 공습하였다.

2002년 '나토정상회담'에서는 당시 도널드 럼스펠드Donald Rumsfeld 미국 국방장관이 제안한 2만 명 규모의 나토대응군NRF 창설이 공식승인되어 나토의 단일작전권 아래 최초의 부대가 마침내 출범하였다. 이 부대는 전 세계 어느 곳이나 5일 이내 투입 후 작전수행이 가능하다. 또한 연합군 성격의 나토사령부와 달리, 나토대응군 사령부가 별도로 설치되고, 그 단일 지휘부 아래 육해공군과 특수부대 등 총 2만 5,000여 명 규모의 병력을 갖추고 있다.

이러한 나토의 방위력은 북극에도 영향을 미치고 있다. 바로 앞서 설명했듯이 북극권 8개국 중 5개국이 나토 회원국이라 북극권이 나토의 이해관계 지역이라는 명분이 있다. 따라서 러시아의 북극권 군사활동에 대해 나토 차원의 대응이 얼마든지 가능하고, 2만 5,000여 명의 군인들이 즉시 투입될 수 있다. 또한 중립국인 스웨덴과 핀란드는 나토 회원국은 아니지만 앞서 설명하였듯이 노르딕 국가 간 군사훈련에 참여하고 있으며, 이러한 훈련에 미국이 참여함으로써 다층적인 방위훈련이 수행되고 있다.

다만, 2014년 러시아가 우크라이나의 크림 반도 사태를 통해 크림공화국을 수립하고 러시아 연방에 편입시키는 과정에서 나토는 별다른 액션을 취하지 않았다. 이는 우크라이나가 회원국이 아니었기 때문이다. 그러나 북극권 회원국의 안보위협 즉, 기후변화에 대한 자원접근성 증대와 북극권 이용확대로 인한 이해관계 충돌이나 갈등은 북극의 평화적인 안보에 위협이 될 수 있다고 나토는 인식하고 있다. 나토는 우크라이나 크림 반도 사태가 북극에서도 충분히 일어날 수 있다고 전망하면서, 미국을 중심으로 방위대응을 강화하고 있다. 나토는 러시아와 중국의 북극관리 및 참여확대를 경계하고 있으며, 특히 군 활동동향 파악대응에 주력하고 있다.

북극 안보 이슈, 희망적인 측면도 존재

북극권 군사안보 이슈를 나토 내에서 해결할 수 있느냐의 문제는 매우 어려운 부분이 많다. 일단 스웨덴, 핀란드가 나토 회원국이 아니며, 나토와 각을 이루는 러시아가 나토에 참여할 리 만무하다. 따라서 나토가 북극 안보의 해결사가 될 수는 없다. 특히 2019년 폼페이오가 북극은 힘과 경쟁의 지역이 됐으며 8개국은 이제 새로운 미래를 선택해야 한다고 발언하며 미국의 바뀐 입장을 대변하였다. 그렇다고 안보 이슈를 북극이사회가 다루기도 어려울 것이다.

우리나라는 북극 안보 변화가 향후의 북동항로 활용 등에 직접적인 영향을 줄 수 있으므로 지속적인 관심을 가져야 한다. 예를 들어 수에즈 운하를 통과하는 바닷길 활용시 소말리아 해적의 활동으로 항로 안보에 위협이 되는 사건들이 이미 수차례 발생하고 있으며, 그러한 위협은 아직도 상존한다. 따라서 향후 북동항로 안보와도 연계되는 북극 안보 문제는 계속 관심을 가져야 한다.

한편 유럽안보협력기구OSCE라는 국제기구가 있는데, 이 기구에는 러시아를 포함하여 57개국이 가입되어 있다. 이 기구는 테러 박멸, 국경 안보, 물 관리, 환경 안보, 오염물질 배출관리, 상호 문화 및 종교 이해, 교통 이슈, 인권 및 인신매매 대응, 민주적 선거, 지역분쟁 조정 및 예방 대응, 소수민족 보호 등 군사, 경제, 환경, 인간 범주까지 포괄적인 안보 이슈를 다루고 있으나, 군사행동을 집행하는 기구가 아닌 포괄적 개념의 안보를 위한 외교협력에 초점을 맞추고 있어, 북극 군사안보를 다루기에 분명한 한계가 있다.

희망적인 부분도 있다. 러시아는 최근 갈수록 커지는 북극의 긴장관계를 고려하여, 2014년에 중단된 북극권 국가 간 연례 국방장관회의의 재개를 지지한다는 입장을 낸 바 있다. 또한 올해 5월에 개최된 북극이사회 각료회의에서 세르게이 라브로프Sergey Viktorovich Lavrov 러시아 외교장관도 북극권 국가들의 군사활동에 우려를 표하면서, 안보 이슈를 북극이사회 영역에 포함시킬 것을 공식 제안하였다. 또한 의장국 임기 중에 국제적인 분위기가 무르익으면 정상회의 개최도 가능하다는 입장을 보이고 있다. 이 같은 러시아의 제안에 대해 북극권 국가들이 앞으로 어떤 입장을 보일지 주목된다.

북극의 주민과 원주민 이슈

　마지막으로 인간 차원(원주민) 이슈이다. 북극 원주민들은 오랜 기간 사용해온 고유 언어, 문화를 갖고 있고, 수렵, 유목 등 전통 생활방식을 고수하고 있다. 그리고 그러한 생활 속에서 그들만의 전통지식(Indigenous Knowledge, 또는 Local Knowledge)을 쌓아왔다.

　그러나 기후변화로 인한 환경변화로 사냥 등의 전통적 경제활동이 붕괴 위험에 처해 있고, 원주민 인구감소 및 비북극권 지역으로의 이동 등으로 커뮤니티 지속가능성에 의문이 제기되고 있다. 또한 현대문명과 접하면서 발생하는 자살 및 알콜중독 등 정신건강 이슈, 취업과 현대식 교육에 대한 수요, 그리고 성차별 등의 이슈가 대두되고 있으며, 정주문제(집, 수도, 전기, 교통 등), 전통지식의 유지 및 현대 과학과의 접목 등 다양한 이슈들이 제기되고 있다.

또한 원주민의 전통생활과 녹색기술이 상충하면서 발생하는 소위 녹색 식민주의Green Colonialism가 원주민 사회의 이슈로 부각되고 있다. 예를 들어, 노르웨이 북부 사미족 마을에 풍력 발전기들이 들어섰는 데, 사미족이 키우는 순록들이 늘상 풀을 뜯던 구역과 풍력발전기 구역이 겹치면서 발전기 소음으로 인해 순록이 그 구역의 접근을 기피하였다. 즉, 신재생에너지 시설이 원주민의 전통생활이던 순록목축업을 방해한 것이다. 순록은 사미족에게 없어서는 안 되는 가축이다. 썰매를 이끄는 교통수단으로, 순록가죽은 의복을 만드는 용도로, 또한 고기는 식육용으로, 마치 우리나라 가축인 황소와 같은 중요한 역할을 하고 있다고 해도 과언이 아니다.

원주민과 환경은 함께 고려돼야

이러한 '녹색 식민주의'는 환경정책을 통해 채택된 감소Mitigation 조치, 즉 물, 자연자원 등에 대한 정치·경제적인 통제가 오히려 예부터 사용하던 사람들에게 피해를 주는 것을 말한다. 순수 그대로의 자연지역을 국공립공원으로 지정하면서, 그곳에서 수렵이나 사냥 등의 기존 활동의 권리를 빼앗긴 터전민들이 생겨나는 경우가 대표적 예이다. 영어로 "Conservation displaced persons", 즉 "보존이 사람을 추방하였다"고 이해하면 쉽다. 또한 기후변화에 책임이 있는 서구국가들이 나머지

미국 옐로스톤 국립공원.
출처: 미국 옐로스톤 국립공원 홈페이지
https://www.nationalparks.org/connect/explore-parks/yellowstone-national-park

세계에도 자국의 영토나 자원의 사용을 통제하면서 온실가스 배출감
축 조치를 요구하고 부과시키는 것도 녹색 식민주의의 예로 자주 사용
된다.

　유사한 개념으로 '녹색 제국주의Green Imperialism'가 있는데, 이는 기
술을 보유한 부유한 국가들이 자연보존운동이라는 미명 아래 가난한
국가들을 상대로 무엇을 하고 무엇을 하지 말아야 할지를 가르치면서
현지 주민들을 그들의 생활터전에서 내모는 정책을 취하는 것을 제국
주의 형태로 보고 정의한 이론이다. 그래서 제3세계의 자연보존운동은

하나의 신식민주의 이론일 뿐이라는 비판을 받기도 한다.

미국 옐로스톤 국립공원Yellowstone National Park 지정도 이러한 사례로 자주 인용된다. 미국 옐로스톤 국립공원은 미국 최대, 그리고 세계 최초의 국립공원으로 1872년 지정되었다. 지정된 지역은 약 8,983km²의 방대한 면적이다. 대략 가로 200km, 세로 40km의 거대한 직사각형이라고 보면, 얼마나 넓은지 짐작이 갈 것이다. 이 공원은 황(S) 성분이 포함된 물 때문에 바위가 누렇게 되어 옐로스톤Yellow Stone이라는 이름이 붙여졌다. 이 지역이 국립공원으로 지정되기 전까지는 미국 인디언들이 생활하며 활동하던 곳이었다. 그런데 국립공원 지정 후 많은 인디언들이 터전에서 추방당했다. 환경을 보호한다는 명분으로 국립공원을 지정하고, 그로 인해 약자가 탄압을 받았던 사례이기에 녹색 제국주의의 예로 꼽힌다.

그렇다면, 이러한 녹색 식민주의나 녹색 제국주의에 대한 해결책은 없을까? 북극권 풍력발전기 도입 구역과 사미족 원주민의 생활터전 및 순록 목축구역이 겹쳐 생기는 문제를 미연에 방지하기 위해 사전에 도시계획이나 시설설치 계획의 정책결정 과정에 원주민을 참여시키는 것이 좋은 방안이 될 수 있다. 즉, 국가가 도시계획이나 신재생에너지 도입계획에서 원주민이나 인디언 등과 같은 직접적 이해당사자Stakeholder를 참여시켜 의견을 개진토록 하고 그 의견을 반영하여 결정하는 것이다. 이렇게 원주민 구역을 보호하면서 신재생에너지 시설을 설치하게 되면, 녹색에너지도 도입하면서 원주민 생활도 보호하는 두 마리 토끼를 잡는 셈이다.

한편 마이크로소프트MS는 2021년 1월 말 자체 개발한 스마트폰 '번역 앱Translation App'에 북극 이누이트 언어를 추가하여 이누이트족의 역사적 유산과 언어를 보존하는 데 기여했다. 이는 이누이트 언어로 되어 있는 규정이나 법제를 이해하고 따르려는 비즈니스 업계는 물론 정부나 기관, 지자체의 활동에 도움이 될 것으로 기대된다.

또한 최근에 핀란드 북극 거점인 라플란드주Lapland Province 의회는 핀란드 북극 도시와 러시아 무르만스크, 노르웨이 키르키네스와 트롬소, 스웨덴 키루나 등 북유럽 스칸디나비아 반도 주요 북극 도시들을 연계하는 북극 철도망 구축 계획을 폐기하였다. 이러한 철도건설과 운영이 북극권 사미족의 전통산업인 순록 목축과 방목에 해를 줄 수 있다는 게 본 정책을 폐기한 주요 이유이다.

북극 이슈 관리체계,
북극 거버넌스

　지금까지 제시한 다양한 북극의 이슈들에 대해 국제사회는 어떻게 대처하고 있을까? 국제사회는 일정한 체계와 규범을 형성하여 개별 국가나 단체, 기업, 원주민 등의 이해당사자가 상호 조율하며 문제를 해결하는 방식을 채택하고 있는데, 전문가들은 이를 거버넌스Governance 체제라는 다소 생소한 용어로 설명한다.

　'거버넌스'라는 단어가 출현한 배경은 다음과 같다. 20세기에 들어서면서 다양한 사회문제가 발생했는데, 이러한 문제들이 정부가 민간을 대상으로 일방적으로 주도하는 하향식 지시구조만으로는 해결이 안 되고, 문제해결에 다양한 이해당사자들이 관여해야 한다는 인식이 자리잡으면서 이러한 개념이 싹텄다. 그러면서 현대사회의 사회적인 조정이

중앙집권적 통치에 의해서가 아니라 다양한 사회참여자 간 목적지향적인 상호작용의 결과로 나타나는 네트워크 사회가 그 대안으로 떠올랐다. 또한 국가와 사회 간 경계가 점차 모호해지고, 정부는 주요한 사회쟁점을 다루는 유일한 행위자가 아니라는 인식이 확산되었다.

이에 1980년대에 서방 국가를 중심으로 분권화 및 민영화 등 정부개혁이 진행되면서 정치체제에 다수의 행위자와 집단이 개입되기 시작하였고, 공공과 민간이 명확하게 구별되지 않는 집단 간의 네트워크 조정이 핵심문제로 떠올랐다. 정부 기능의 축소와 정부 외 새로운 주체(예: NGO, 원주민 등)를 중심으로 한 제도화가 시도되었다. 그러면서 정부 관리구조의 대체개념이자 대안으로 거버넌스 연구가 활발하게 진행되었고, 시민사회 영역으로 개념범위가 확대되었다. 여기에서 중요한 것은 의사결정 과정에 대한 시민사회를 포함한 다양한 행위자의 참여와 합의도출이다.

거버넌스 특징은 '갈등' '조정' '협력'

이후 거버넌스는 국제정치나 경제 분야까지 그 개념이 확장되었고, 그러한 과정 속에서 개념이 정립되고 있으나 아직까지 통일된 개념은 정립되지 않았다. '글로벌 거버넌스 위원회'는 거버넌스를 "개별적 또는 제도적, 공적 또는 사적으로 그들의 공동 사안을 관리할 수 있는 많은 방식의 집합체이며, 갈등과 다양한 이해관계가 조정되고 협력이 이뤄지는 지속적인 과정"으로 정의하였다. 또한 '관리체계'로 통용되기도 하며, '기후변화와 같이 공동의 문제를 관리하고 해결하기 위한 다양한 사적, 공적 제도나 방식의 집합체(Luke, 2003 등)'로 정의되기도 한다.

현재 북극 이슈에 대한 이해당사자를 꼽자면, 8개국 북극권 국가, 그리고 우리나라와 같은 비북극권 국가, 또한 북극에 사는 원주민, 그리고 북극에서 활동 중인 개별 기업, 원주민을 제외한 북극권 거주민 등 다양하다. 즉, 국가부터 개인까지 다양한 이해관계자가 존재하는 상황에서, 거버넌스는 국제적 차원의 세계정부 내지 한 개의 공통 국제기구에 의한 통제에 따르지 않고 공동의 문제를 협력적 방식으로 해결하기 위한 도구적 성격을 갖는다.

이와 관련하여 과거의 국제관계는 정부 간 문제로 간주되었다. 주권국은 통상적으로 외교를 수행하고 전쟁을 일으키고, 평화협정을 협상하고 성취한다. 그러나 근래에는 복잡한 상호의존관계가 이러한 국가 간 관계에 영향을 미친다는 인식과 함께, 비非국가 행위자들도 국제관계에서 경제, 사회, 문화, 환경 등의 다양한 이슈에 중요한 역할을 하고 있다. 이러한 노력은 결국 더 나은 세계를 만들기 위해서는 거버넌스라는 관리체계 하에 서로 협력하고 힘을 모으는 것이 최선의 방법이라는 공감대 속에서 지속되고 있다. 특히 이해당사자인 주권국, 국제기구, NGO 등이 영향력의 교환관계를 이루는 상호의존적 구조를 형성한 가운데 이들 간 이해를 조정하고 협력을 증진하는 글로벌 거버넌스

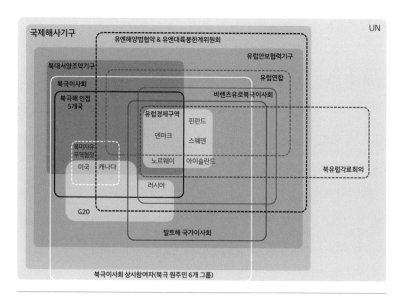

북극 거버넌스 구조.
그림출처: Arctic Policies and Strategies - Analysis, Synthesis, and Trends(핀란드 외교부, 2020.2.p19)

체계를 중심으로 기후변화, 환경보호, 안보이슈 등과 같은 부정적 효과를 촉발하는 국제사회의 이슈에 대응하여 수평적 네트워크를 통한 자율성과 참여가 보장되는 형태로 발전하고 있다.

위의 그림은 북극 거버넌스 구조를 설명한다. 특정 국가가 다양한 기구에 속해 의견을 제시하고 협력을 하면서 문제에 대응하는데, 이러한 다층적 구조가 거버넌스 체계의 핵심이다. 이 그림에서 특정 이슈가 제기되면 관련 국제기구들에 국가, NGO 등이 참여하면서 상호의견을 교환하고 조율, 협력하며 합의를 이끌어나가는 방식으로 북극의 문제를 해결하는 방식을 취해나간다.

북극 거버넌스의 중심 역할 '북극이사회'

한편 어느 나라를 막론하고 북극정책을 발표할 때 빠지지 않고 등장하는 게 바로 북극이사회Arctic Council이다. 앞의 그림에서 보는 바와 같이 북극 거버넌스의 중심 역할을 하는 북극이사회는 북극권 지역에 영토를 가지고 있는 나라인 미국, 캐나다, 러시아, 노르웨이, 핀란드, 스웨덴, 덴마크(그린란드), 아이슬란드의 8개국이 구성하여 만든 정부 간 외교포럼이다. 1996년 설립되었으니 올해로 25주년이 되었다.

이 북극이사회가 출범하게 된 배경을 알아보자. 북극은 이전 세기에는 과학연구나 자원개발 등의 국가적 활동영역이 아닌 탐험가들의 정복 또는 탐험의 대상이었다. 그러나 혹독한 기후와 환경, 첨단기술 부족 등 당시 여러 이유로 각 탐험들이 실제 영토 확대로는 이어지지 못했다. 그러다 제2차 세계대전 후 동서냉전으로 인해 북극권이 폐쇄되면서 이러한 탐험은 더욱 어려워졌고, 북극권 국가들은 북극을 군사 및 안보 구역으로 관리하는 수준에

ARCTIC COUNCIL

북극이사회 로고

출처
북극이사회 홈페이지 https://arctic-council.org/en/

머물렀다.

이후 앞서 설명한 러시아의 '무르만스크 선언'과 함께 기존의 폐쇄지역이었던 북극권이 본격 개방되면서 러시아는 북극권 환경보호와 자원의 공동개발 등의 협력을 제안하였다. '무르만스크 선언'은 북극 이슈를 국제적인 의제로 등장시키는 계기가 되었다. 이러한 러시아의 제안에 힘입어 8개 북극권 국가들이 1990년대부터 개별 주제로 회의를 개최하며 환경이슈, 해양보호 등의 공동 관심사에 대한 대응방안을 모색하면서 북극이사회의 초기 형태를 만들어가기 시작했고, 이러한 노력이 결실로 맺어져 1996년 마침내 북극이사회를 출범시켰다. 이후 북극의 환경과 생태계 보호, 북극 원주민 보호와 환경과 경제를 동시에 고려하는 지속가능한 개발 등을 본격적으로 논의하기 시작하였다.

북극해를 둘러싸고 북극의 자연환경을 공유하고 있는 이들 8개국은 북극권 환경오염이 발생하거나 생태계가 파괴되면, 그 영향을 일정 부분 같이 받기 때문에, 이들은 한 배를 탄 소위 '환경 공동운명체'적 성격을 띠고 있다. 일례로 8개국 중 어느 한 나라가 북극해에서 석유시추를 하다가 석유가 유출되면, 그 바다를 같이 인접한 북극권의 주변 국가들에게도 피해를 준다. 또한 북극해의 특정 수산물을 남획하여 생태계가 파괴된다면, 역시 그 생태계를 공유하는 주변국들도 영향을 받을 수밖에 없는 구조이다. 그래서 북극이사회는 북극권 환경과 생태계 보호, 그리고 북극의 환경과 경제발전을 함께 고려하는 지속가능한 발전,

그리고 원주민 보호 등과 같은 공통 이슈를 다룬다.

북극이사회에는 크게 8개 국가로 구성된 회원국, 그리고 6개의 북극권 원주민 그룹이 회원인 영구참여자Permanent Participant, 또한 북극권 프로젝트를 담당하는 6개의 작업반(일명 워킹그룹), 우리나라와 같이 비북극권 국가들이 참여하는 국가 옵서버, 각국 정부가 회원인 국제기구 옵서버, NGO라 불리는 비정부기구 옵서버 등 다양한 옵서버 그룹이 있다. 특히 시기별 사안별로 제기되는 이슈에 즉각 대응하기 위해 각료회의에서 특별대책팀TF: Task Force. 전문가그룹EG: Expert group 등을 구성하고 해당 과제를 위임한다.

북극이사회 회의는 2년마다 열리는 8개국 간 외교장관회의 즉, 각료회의와 매년 2회 이상 열리는 국·과장급 회의SAOs: Seniors Arctic Officials, 그리고 6개 작업반을 비롯하여 전문가 그룹, 테스크포스 등 부속기구가 주관하는 회의가 매년 2회 정도 개최된다. 특히 국·과장급 회의는 아래 6개의 작업반이 주관하는 사업의 진도를 관리, 조율하고 각료회의에 그 활동결과나 계획을 상정하는 역할을 한다.

북극이사회가 다루는 이슈는 국제사회가 대응하고 있는 기후변화 자체를 이슈화하기보다는 기후변화로 인한 환경변화, 예를 들면 동토층 해빙 변화 등과 같이 기후변화가 북극에 주는 영향과, 기후변화로 북극 생태계를 구성하는 생물이 서식처를 이동하거나 멸종위기를 맞는 등의 문제에 대응하고, 사람들이 이러한 환경변화에 적응Adaptation하는 문제, 그리고 북극권에서 발생했거나 비북극권에서 발생한 오염원 등이 북극의 환경이나 생태계 및 원주민과 북극 거주민들에게 미치는 영향에 주목하며, 그러한 오염이 발생했거나 변화된 환경을 이전 상태로 복원시키는 방안 등에 관심을 갖는다. 또한 북극의 바다에서 일어나는 선박의 좌초나 기름유출과 같은 해양 비상사태에 대응하거나 예방하는 문제, 북극해에서 선박이 안전하게 항해하도록 하는 문제, 그리고 원주민의 신체 및 정신 건강과 복지, 언어와 생활문화 등의 전통을 보존하는 문제, 원주민의 경제활동 보호 등이 주요 이슈이다.

이러한 북극의 다양한 이슈들을 다루기 위해, 북극이사회 산하 6개의 작업반이 업무를 위임받아 각 프로젝트를 분담하고 있다. 6개 작업반은 △북극 오염을 총괄 대응하는 '북극 오염조치 프로그램ACAP', △북극의 오염이나 기후변화를 관측하는 '북극 모니터링 평가 프로그램AMAP', △북극곰이나 북극-동아시아(한국)-호주·뉴질랜드 등을 오가는 철새들이 이동하는 8개의 철새 경로 보호, 순록의 보존, 북극의 이끼, 지의류 등의 보호와 유지를 추구하는 '북극 동식물 보존CAFF', △북극의 안전과 선박 좌초, 해양 유류오염과 같은 긴급사태를 예방하고 대비하고 대응하는 '비상사태 예방·준비·대응EPPR', △북극에서 해운으로 인해 발생하는 대기 및 해양 오염물질 배출 등과 같은 해양오염에 대응하고, 선박 소음이나 해양 쓰레기, 독성물질 등으로부터 해양환경 보호를 목적으로 하는 '북극 해양환경 보호PAME', △마지막으로 원주민의 경제, 복지(주택, 식수 등 인프라), 문화, 건강 등을 보호하고 정신건강과 약물중독, 성평등의 이슈를 다루는 '지속가능개발 워킹그룹SDWG' 등으로 구성되어 있다.

인간, 동식물, 환경의 건강 통합적 고려-'원헬스 프로젝트'

SDWG는 특히 코로나로 인해 가장 이슈가 되는 '북극의 건강' 문제를 다루고 있다. 북극의 원주민들도 현재 코로나19와 관련하여 어려움을 호소하고 있다. 북극 원주민 사회는 방대한 지역에 소규모, 그리고 산발적인 커뮤니티(공동체)를 이루고 있어 의료시설 접근이 어렵고, 국경 폐쇄 등으로 경제적 어려움이 가중되는 가운데, 자살률 증가, 알콜중독 증가 등 공동체의 정신건강이 코로나19 발병 이전보다 더 위협받고 있는 상황이다.

더욱이 최근 북극의 급격한 온난화로 인해 얼음 속에서 잠자던 미생물이 깨어나 전 인류를 위협할 수도 있다고 과학자들은 경고한다. 실제로 러시아 북극권 시베리아 야말 반도에서 영구동토층의 해빙으로 2016년 탄저균이 발생하여 순록 2,000여 마리와 12세 어린이 1명이 사망하는 일이 발생했다. 1941년 폐사한 순록 사체에서 나온 탄저균이 토양에 얼어붙은 채 잠자고 있다가 표층이 녹으면서 다시 활성화하여 사람과 동물을 감염시킨 것이다.

SDWG는 이러한 질병 이슈와 함께 최근의 코로나 바이러스 등 감염병 이슈에 대응하기 위해 인간의 건강, 환경의 건강, 동·식물의 건강을 하나로 통합하여 고려하는 원헬스One Health 프로젝트를 수행 중이며 이번 북극이사회 각료회의를 통해 이 과제를 2023년까지 지속하기로 확정하였다. 이 프로젝트는 질병(감염병) 발생이나 자연(환경) 재난 같은 현상의 역학조사와 함께 관련 정보 공유, 이러한 재난상황시 모의대

원헬스 프로젝트 도식도.

출처
미국 알래스카 페어뱅크스대학 홈페이지
참조 https://www.uaf.edu/onehealth/

응방안Tabletop Exercise 등의 내용을 포함하고 있다. 극지연구소는 이 원헬스 프로젝트를 지원하면서 북극권 건강 이슈에 기여하고자, 북극의 유해 미생물을 탐색하고 그 기작을 규명하는 연구(과제책임자 이영미 박사)를 2020년부터 본격 수행 중에 있으며, 필자도 핵심 연구진으로 참여하고 있다.

북극이사회의 '영구 참여자'인 6개 원주민 그룹은 북극이사회 각료회의에서 회원국과 같은 위상을 가지고 있다. 각료회의를 할 때 8개국 대표들과 원주민 단체 대표들에게만 발언 기회가 주어지고, 나머지 옵서버들에게는 발언 기회가 주어지지 않는다. 6개 원주민 그룹은 북극 아사바스칸 이사회AAC, 알류트 국제연합AIA, 그위친 국제이사회GCI, 이

누이트 환북극이사회ICC, 러시아북극원주민협회RAIPON, 사미 이사회 Saami Council이다.

'북극 아사바스칸 이사회'는 미국 알래스카, 캐나다 유콘 북서준주에 사는 원주민으로 구성되어 있으며, 유일하게 국제 조약상 조직이고 법적 단체이다. 소속된 원주민 인구는 약 4만 5,000명이다. 두 번째로 '알

북극이사회 내 6개 상시 참여자(원주민 그룹) 비교표

원주민 그룹	AAC (북극 아사바스칸 이사회)	AIA (알류트 국제연합)	GCI (그위친 국제이사회)	ICC (이누이트 환북극이사회)	RAIPON (러시아북극 원주민협회)	SAAMI COUNCIL (사미 이사회)
범위	미국 알래스카, 캐나다 유콘/ 북서준주	미국 알래스카 아류탄섬, 프리빌로프섬, 러시아 캄차카 지역	캐나다 유콘/북서준주, 미 알래스카의 인디언계 그위친족	그린란드, 캐나다/미국 이누이트, 러시아 시베리아 추코트카	북러시아, 시베리아, 극동러시아 41개 원주민 그룹	핀란드, 러시아, 노르웨이, 스웨덴 사미족
설립 연도	2000년	1998년	1999년	1977년	1990년	1956년
대상 규모	4만 5,000명	1만 5,000명	9,000명	18만 명	27만 명	5만~8만 명
법적 지위	국제조약상의 기구(법의 보호)	비영리조직	비영리조직	비영리조직	비영리조직	비영리조직
주요 현황 및 이슈	연방 및 주 법령에 의거하여 운영 및 자치 운영을 위한 펀딩 받음 (정치적인 조직)	베링해 기반 생활 및 웰빙 유지, 해양자원 활용 및 환경보호에 많은 관심. UN 경제사회이사회 특별협상 지위권 획득 등	교육, 사회경제 개발, 문화와 전통 수호, 청년 문제, 환경 이슈 등	이누이트족 단결력 강화, 권리 및 이익 증진, 환경보호, 외부와 파트너십 구축, 북극이사회 작업반 활동 등	원주민 권리 보호 및 법적 이익 수호, 사회·경제·문화·교육 이슈 해결, 자치권 증진 등	사미족 권리 및 이익 증진, 유대감 및 법제화를 통한 사미족 권리 유지 등 (노르웨이 코토케이노 사미대학)
비고	법적 단체, 가장 최근에 조직, 미·캐 거주	미·러 거주	미·캐 거주	미·캐·그린란드·러 거주	원주민 그룹 모임(러시아 내 41개 원주민 그룹)	가장 오랜 역사를 가짐. 핀·러·노·스웨덴 거주

출처: 문진영 외, 북극이사회 정책동향과 시사점(2014), p42 기반 내용추가

류트 국제연합'은 미국 알래스카 남부의 알류샨 열도에 살고 있거나 러시아의 캄차카 반도에 살고 있는 원주민 그룹이다. 베링해를 기반으로 살아가며 인구는 약 1만 5,000명이다. '그위친 국제이사회'는 캐나다 북부 유콘준주나 북서준주에 살고 있는 미 알래스카의 인디안계 원주민으로 구성되었으며, 원주민 인구수는 약 9,000명이다. '이누이트 환북극이사회'는 덴마크 그린란드, 캐나다, 미국, 러시아 시베리아 등에 폭넓게 거주하는 이누이트 그룹이 구성원으로, 원주민 인구는 18만 명에 이른다. '사미 이사회'는 핀란드, 노르웨이, 스웨덴, 러시아에 거주하는 북유럽 원주민으로 북극권에서 가장 오랜 역사를 가진 원주민으로 알려져 있다. 인구는 5~8만 명 수준이다. 노르웨이 북극의 코토케이노 Kautokeino라는 도시에는 1989년 사미대학Sami University of Applied Sciences 이 설립되어, 사미족의 문화, 언어, 전통법을 계승하기 위한 고등교육을 실시하고, 이에 필요한 전문인력을 양성하고 있다. 러시아북극권원주민 협회는 6개 원주민 그룹 중 유일하게 러시아 내 원주민 단체 간 연합체로 41개 원주민 그룹이 속해 있다. 그 전체 숫자는 약 27만 명으로 추산된다.

한편 국가 옵서버는 우리나라를 포함하여 중국, 일본, 인도, 싱가포르, 프랑스, 독일, 이탈리아, 네덜란드, 폴란드, 스페인, 스위스, 영국 등 13개국이다. 에스토니아를 비롯해 아일랜드, 체코가 북극이사회 정식 옵서버를 신청하여 2021년 북극이사회 각료회의에서 승인 심사를 받

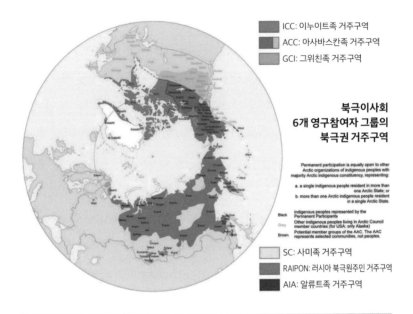

ICC: 이누이트족 거주구역
ACC: 아사바스칸족 거주구역
GCI: 그위친족 거주구역

**북극이사회
6개 영구참여자 그룹의
북극권 거주구역**

Permanent participation is equally open to other
Arctic organizations of indigenous peoples with
majority Arctic indigenous constituency, representing:

a. a single indigenous people resident in more than
one Arctic State; or
b. more than one Arctic indigenous people resident
in a single Arctic State.

Black   Indigenous peoples represented by the
Permanent Participants
Grey   Other indigenous peoples living in Arctic Council
member countries (for USA: only Alaska)
Brown   Potential member groups of the AAC. The AAC
represents selected communities, not peoples.

SC: 사미족 거주구역
RAIPON: 러시아 북극원주민 거주구역
AIA: 알류트족 거주구역

북극이사회 6개 영구참여자(원주민 그룹)의 북극권 거주 구역
출처: 노르웨이극지연구소(NPI) W.K. Dallmann Map courtesy of W.K. Dallmann/Norwegian Polar Institute.
https://ansipra.npolar.no/image/Arctic01E.jpg

앉으나, 회원국 간 이견으로 옵서버 승인을 받지 못하였다. 2009년과
2013년에는 EU가 옵서버 승인 신청을 했으나 좌절된 바 있다.

이와 함께 각국 정부가 회원으로 구성된 국제기구 옵서버는 바다에
서의 환경 이슈나 통행, 선박 구조 등의 이슈를 다루는 국제해사기구
IMO, 유엔개발계획UNDP, 세계기상기구WMO, 유엔환경계획UNEP 등과
같은 UN 관련 기구이거나 북유럽각료회의NCM처럼 북유럽 국가들을

> **참고** **북유럽 각료회의**NCM: Nordic Council of Ministers

북유럽지역 국가들의 협력을 위해 1971년 창설되었다. 회원국은 덴마크, 핀란드, 아이슬란드, 노르웨이, 스웨덴 등 북유럽 5개국이고, 그린란드, 파로 제도(이상 덴마크 자치구역), 알란드 제도(핀란드 자치구역)도 준회원으로 이 회의에 대표를 두고 있다. 본부는 덴마크 코펜하겐에 있다. 북유럽 국가는 국왕제도를 취하고 있어 총리가 실질적인 정부 수반인 대통령 역할을 하는데, 이 북유럽 국가 총리들이 1년에 1회 연례회의를 가진다. 총리회의에서 북유럽 국가 간 협력사항을 조율하고 EU 등의 보다 큰 규모의 회의에서 한 목소리를 내며 의견을 결집한다. 이 각료회의는 북유럽의 환경문제, 인구 및 도시 문제, 비즈니스 개발과 지속가능한 성장, 교육과 기술개발 등에 협력하고 있다.

대상으로 하는 총 13개 국제기구들이 회원으로 참여하고 있다. 또한 국제 NGO로 필자와 같이 북극권 사회과학 및 정책을 연구하는 과학자들의 모임인 국제북극사회과학연합IASSA이나 멸종위기 북극곰을 보호하자는 캐치프레이즈로 유명한 세계자연기금WWF 같은 12개 비정부기구들이 북극이사회 NGO 옵서버 회원으로 참여하고 있다.

러시아, 2년 임기 북극이사회 새 의장국 임무

북극이사회는 8개국이 2년씩 돌아가면서 의장국을 맡는다. 2021년 5월까지는 아이슬란드가, 이어 러시아가 2023년까지 의장국 임무를 맡는다. 캐나다−미국−핀란드−아이슬란드−러시아−노르웨이−그린란드(덴마크)−스웨덴−캐나다 순이다. 의장국 임무를 맡은 회원국은 자국이 관심을 가지는 프로그램을 제안하여 의장국 프로그램으로 2년간 이끌어갈 수 있는 권한을 갖는다. 그리고 임기를 마치고 다음 의장국으로 바통을 넘기면서 회의가 개최된 도시의 이름을 따서 선언문이라는 합의문Declaration을 채택한다. 예를 들어 2009년 노르웨이가 의장국 임기를 마치면서 북극 관문 도시 트롬소에서 각료회의를 개최하여 '트롬소 선언문'을 채택하였다.

그러나 2019년 핀란드의 북극 산타마을로 알려진 로바니에미에서 열린 각료회의에서는 그간의 전통이 깨졌다. 미국의 반대로 각료회의 역사상 처음으로 합의문이 채택되지 않은 것이다. 기후변화를 북극에 대한 심각한 위협으로 묘사하는 것에 대한 이견으로 이러한 내용이 들어간 선언문에 미국이 서명하지 않은 것으로 알려졌다. 그 대신 문제의 내용을 제외한 간단한 문구에 8개국 외교장관들이 서명한 성명서 Statement를 채택한 채 회의는 막을 내렸다.

이러한 미국과 러시아 간 입장차와 중국의 견제 등이 북극이사회에 투영되어 2015년 조직돼 4년간 활동한 북극해양협력TF가 각료회의에 제출한 '북극해양협력 최종보고서'가 채택되지 못하는 등 북극이사회 업무에 일부 제동이 걸리고 있다. 더욱이 '북극해양협력 최종보고서'는 당초 2017년에 제출된 '북극해양협력 1차 보고서'보다 내용이 훨씬 후퇴되었다는 평가가 많다. 당시 1차 보고서에서는 북극 해양 '생태계 기반 관리Ecosystem Based Management[*]' 강화를 위해 북극이사회 내에 하부기관 신설의 필요성을 제안하였다. 그런데 2019년에는 이러한 하부기관 신설에 대한 내용은 빠진 채 해양관리주기Maritime Stewardship Cycle 전반에 걸친 협력 확대를 위한 특별 SAOs 세션 개최, 관련 워킹그룹 및 사무국의 역할 강화 등 북극이사회 역할에 대한 보완과 강화만 강조하였는데, 이렇게 후퇴된 보고서마저 채택이 안 된 채 2019년 각료회의가 끝난 것이다.

여기에서 언급한 생태계 기반 관리에 대해 조금 더 설명하면 다음과 같다. 이 개념은 생태계의 지속적이고 경제적인 활용을 위해 생태계 완전성(건강성)을 회복·유지하도록 인간의 경제활동을 통합적으로 관리하는 것을 의미한다. 일례로, 국경으로 생태계를 구분하는 것이 아니라 생태계의 먹이사슬 구조 등을 고려해 단위 생태계를 구분하고, 이 생태계의 건전성과 영속성을 확보하기 위해 수산업 등 인간의 경제활동에 의한 오염을 관리하는 등 인간활동부터 생태계 전반까지를 아우르는 거시적인 관리시스템이라고 할 수 있다.

---

[*] 2013년 키루나에서 열린 북극이사회 각료회의에서 북극 해양환경 작업반PAME이 제안한 EBM의 개념을 채택하였다. 그 개념은 △생태계와 그것의 다이나믹스Dynamics에 관한 최선의 이용가능한 과학적 지식에 기반하여 △인간활동에 관한 광범위한 통합적 관리, △생태계가 주는 재화와 서비스의 감소 없이 지속가능한 활용 및 생태계 완전성Integrity 유지 △해양생태계 건강에 민감한 영향 인자에 대한 구별 및 조치Measure 등 4개 조건을 포함한다. Polar Brief 참조.

한편 의장국 아이슬란드가 2021년 5월 20일 수도 레이캬빅에서 개최한 북극이사회 각료회의에서는 지난 2년간 북극이사회의 활동성과와 계획을 종합한 '레이캬빅 선언문Reykavik Declaration'을 채택하였다. 여기서 북극이사회 각료회의 사상 처음으로 전략계획Arctic Council Strategic Plan 2021 to 2030을 채택하고 △북극 기후, △건강하고 회복가능한Resilient 북극 생태계, △건강한 북극 해양환경, △지속가능한 사회발전, △지속가능한 경제발전, △지식 개발과 소통 강화, △북극이사회 강화 등 7가지 전략목표Strategic Goals를 설정하였다. 이처럼 2021년 각료회의는 공동선언문 채택과 함께 북극에서도 기후변화 이슈가 가장 큰 이슈임을 재확인하였고, 또한 미국이 2019년 각료회의와 달리 북극에서 기후변화 이슈에 적극 협력할 것임을 공식 표명하는 자리였다는 점에서 의미가 큰 회의였다고 평가된다.

북극이사회, 강제 이행협정 제정

북극이사회는 또한 8개 회원국이 북극 이슈에 대해 의무적으로 공동대응하도록 하기 위해 이행협정을 만들어가고 있다. 북극이사회는 지금까지 3개의 협정을 체결하였다. 첫째가 '북극 수색·구조 협력 협정', 둘째가 '북극 유류오염 대비 및 대응 협정', 마지막이 '북극 과학협력 강화 협정'이다.

'북극 수색·구조 협력 협정Agreement on Cooperation on Aeronautical and

Maritime Search and Rescue in the Arctic'은 2011년 그린란드의 수도 누크Nuuk 에서 열린 각료회의에서 서명되었으며, 2013년 발효되었다. 이 협정은 북극의 항공 및 해양에서의 수색구조SAR에 대한 운영과 조율을 강화 하기 위해 체결되었다. 바다에서 일어나는 선박이나 헬기·비행기 등의 사고 또는 선박 좌초 등의 재난사고에 대한 예방 및 공동대응을 목적 으로 한다. 8개국은 북극 지역에 대해 각기 관할구역을 나눠 관리하고, 상대국과 정보협력 및 시설장비의 공동활용, 사고시 공동대응을 한다.

두 번째 '북극 유류오염 대비 및 대응 협정Agreement on Cooperation on Marine Oil Pollution Preparedness and Response in the Arctic'은 2013년 스웨덴의 키루나에서 열린 각료회의에서 서명되어 체결되었으며, 2016년 발효되 었다. 북극해에서 발생할 수 있는 유류에 의한 오염으로부터 해양환경 을 보호하는 데 필요한 준비와 대응을 위한 8개국 간 상호협력과 활동 조율 등을 목적으로 하는 협약이다. 북극해에서 석유를 시추하다가 기 름유출이 되면 막대한 해양오염 및 생태계 파괴가 일어난다. 또한 북극 해를 지나는 선박이 얼음에 부딪혀 좌초되거나 침몰하면서 기름이 유 출되어도 마찬가지로 막대한 인명 및 환경오염 피해가 발생한다. 이 같 은 사고에 대응하기 위한 본 협약의 주요 내용은 유류오염 제거장비 구 축과 훈련, 유류오염 사고에 대한 효과적이고 신속한 대응, 정보교환 및 훈련 등을 포함하고 있다. 실제로 2020년 5월 러시아 시베리아의 크 라스노야르스크Krasnoyarsk 주에 있는 노릴스크 열병합발전소에서 기후변화로 인해 영구동토층이 녹으면서 생긴 지반침하로 연료탱크가 파손되어서, 경유 2만 1,000톤 이상이 강으로 유출되는 사고가 발생했다. 이러한 사고를 계기로 러시아는 기름유출 대응 등 북극 환경보호에 더욱 적극적인 입장을 보일 것으로 전망된다.

마지막으로, '북극 과학협력 강화 협정Agreement on Enhancing International Arctic Scientific Cooperation'은 2017년 5월 미국 알래스카 페어뱅크스에서 열린 각료회의에서 서명함으로써 체결되었고, 이듬해인 2018년 발효되었다. 이 협약의 목적은 북극에 대한 과학지식 개발에서 효율성(최소 투입으로 최대 산출)과 효과성(원하는 결과에 도달)을 증진하기 위해 과학활동에서의 협력을 증진하는 것이다. 북극권 국가들이 북극에서 에너지와 항로 등 경제적인 중요성과 함께 지정학적 중요성을 가진 러시아와 과학데이터 및 시료협력 강화, 그리고 러시아 북극지역에 대한 과학활동 접근성 향상 등 사실상 러시아와의 협력을 이끌어내고자 한 것이 이 협정의 밑바탕에 깔려 있다. 이 협정의 주요 내용은 북극 연구현장 접근 촉진과 과학 데이터 공개 및 데이터에 대한 접근성 강화와 공유 노력, 전문인력 교류와 장비, 시료 샘플의 반출입 촉진 등을 담고 있다.

북극경제이사회, 경제활동 진출 통로 역할

이 같은 3개의 협정은 우리나라와 같은 비북극권 국가들에 대해서, 8개 회원국은 비북극권 국가와의 협력이 가능하다고 명시하고 있다. 따라서 북극 SAR협정과 관련해 앞으로 국제사회의 북극 활동이 증가하면서 SAR의 중요성이 증대되고, 요청이 있을 시, 우리나라도 북극에서 쇄빙연구선 활동을 하며 필요시 이러한 SAR 활동에 대한 직간접적인 지원도 가능할 것으로 예상된다. 마찬가지로 '북극 유류오염 대비 및 대응 협정'이나 '북극 과학협력 강화 협정'에서 우리나라와 같은 비북극권 국가와의 협력강화를 명시하고 있어, 동 이슈 해결에 기여하기 위한 참여의 길은 열려 있는 셈이다.

한편 북극이사회에서 파생된 또 하나의 조직이 바로 '북극경제이사회'다. 북극경제이사회Arctic Economic Council는 2013년 캐나다가 북극이사회 의장국이 되면서 의장국 주도 프로그램으로 추진한 '환북극 비즈니스 포럼'이 2014년 결실을 맺어 출범한 기구이며, 각국 정부 관계자는 물론, 원주민, 기업 등이 대표 또는 회원으로 참여하고 있다.

이 기구는 북극을 비즈니스 하기 좋은 곳으로 만드는 것을 비전으로 하여 북극권은 물론 우리나라 기업과 같은 비북극권 기업의 북극 비즈니스 시장 접근이 수월하도록 지원과 자문을 하고, 이를 통해 북극권 커뮤니티, 특히 원주민 그룹의 경제 활성화 및 개선에 기여하는 것을 도모하고 있다. 사무국은 노르웨이 트롬소에 있다.

예를 들어 우리나라 굴지의 IT 기업이 북극권 시장의 IT 인프라 구축이나 스마트폰 관련 사업 등에 진출하고자 할 때, 북극경제이사회는 해당 기업이 투자하고자 하는 지역의 관련 정보나 투자하고자 하는 해

북극경제이사회(AEC) 로고.

출처
북극경제이사회 홈페이지
https://arcticeconomiccouncil.com/

당 정부의 규정, 원주민 기구 관련 정보 등을 제공하고, 민관투자사업 등의 북극 진출 촉진방안 등의 솔루션을 제공한다.

북극경제이사회가 다루는 분야는 북극 관광, 광산업, 에너지(화석에너지, 신재생에너지), 해양신산업Blue-economy, 교통 및 통신, 항공 인프라, 인적자원 투자 및 양성 등 6대 분야이다. 우리나라는 2017년 12월 국내 해운회사들의 단체인 한국선주협회가 이 기구의 회원기관으로 가입했다. 이 기구는 상기 6개 분야에 대해 앞으로 관련 업계의 북극 진출 통로역할을 할 것이다.

극지(연) 주도적 지원 '스발바르 조약' 가입

한편 필자에게는 뒤에서 설명하겠지만 '북극이사회 정식 옵서버 가입 지원' 외에도 외교부를 지원한 대표 업무가 한 가지 더 있다. 바로 '스발바르 조약Svalbard Treaty' 가입 지원이다. 앞에서 설명했듯이 스발바르 제도의 니알슨 국제 과학기지촌에는 우리나라의 북극 다산과학기지가 위치하고 있어 우리나라와 직접적인 이해관계가 있는 조약이라고도할 수 있다. 연구소에서는 북극 다산과학기지를 기반으로 산업적인 연구성과를 낼 것에 대비하여 북극이사회 정식 옵서버 가입 업무 중이던 2011년에 이 조약에 우리나라가 가입할 수 있도록 추진해보라는 업무를 지시받았다.

'스발바르 조약'은 영어로 "Treaty between Norway, the United States of America, Denmark, France, Italy, Japan, the Netherlands, Great Britain and Ireland and the British overseas Dominions and Sweden concerning Spitsbergen signed in Paris 9th February 1920"이다. 쉽게 풀어 쓰자면 "노르웨이, 미합중국, 덴마크, 프랑스, 이탈리아, 일본, 네덜란드, 대영제국과 아일랜드 및 해외 영국령, 스웨덴이 1920년 2월 9일 서명한 스피츠베르겐 조약, 프랑스 파리에서 서명" 정도로 해석된다. 스피츠베르겐은 그 당시에는 스발바르 지역의 군도 전체를 의미했으나, 현재는 스발바르 제도에서 가장 큰 섬을 가리킨다. 즉, 조약이 스발바르 제도를 대상으로 하므로 지금은 '스발바르 조약'이라는 약칭으로 불린다.

오랜 기간 무주지無主地였던 스발바르 제도의 해역은 19세기까지 북유럽 국가들의 고래잡이 터전이었다. 그러다 19세기 후반부터 시작된 스발바르 지역의 석탄광산 개발 경쟁으로 북유럽 국가 간 분쟁의 원인이 되었다. 이에 1919년 제1차 세계대전 종전 후 개최된 파리평화회의와 연계하여 같은 해 스피츠베르겐 커미션Spitbergen Commission, 즉 국가 간 위원회를 구성하고 문제를 협상해 나갔다. 그래서 내린 결론이 스발바르 제도에 대한 노르웨이의 주권보장, 즉 땅의 주인을 노르웨이로 하고, 다른 조약 당사국인 회원국들의 스발바르 제도에 대한 경제적 이용권리 및 4해리 영해접근권 허용, 그리고 비군사적이고 평화적인 활용을 주요 내용으로 하는 '스발바르 조약'의 체결이었다.

현재 이 조약의 회원국은 우리나라를 포함해 46개국이다. 이 조약은 모든 당사국 국민에 대해 스발바르 제도에서의 어업, 사냥, 그리고 항구, 해수에 접근하고 진입할 수 있는 권리를 보장하며, 해양, 산업, 관광 및 상업활동 등의 경제활동을 할 수 있는 권리를 보장한다. 또한 수출입 상품의 비과세와 이곳에서의 경제활동으로 수익창출시 조약당사국 국민들은 노르웨이 국민과 동일한 과세의 의무를 지닌다.

필자는 이러한 '스발바르 조약' 가입 업무를 맡아 외교부를 설득하며 우리나라의 조약가입 당위성을 수차례 설명하였다. 즉, 생물자원을 기반으로

스발바르 제도 지도
출처: https://upload.wikimedia.org/wikipedia/commons/b/b3/
Spitsbergen.png

특허 등의 경제적 권리를 가질 경우에 대비해야 한다는 설명과 함께 조약가입의 당위성을 6개월 이상 피력하였다. 2012년 초 이 조약의 가입절차를 밟아나갔는데, 어느 날 외교부 관계자로부터 전화가 걸려왔다. 최종 결재과정을 거치면서 극지연구소가 북극에서 산업적 활동과 경제적 이해관계가 있는 조약의 가입신청을 왜 했는지에 대한 근거로 기존 극지연구소의 산업적인 실적을 가져오라는 것이었다. 이것이 없을 경우 조약가입 추진이 어렵다는 뉘앙스였다.

그 말에 눈앞이 캄캄해졌다. 사실 극지연구소는 기초과학 중심의 연구소이다. 기초연구를 통한 산업특허와 이 특허를 활용한 제품 출시는 오랜 기간이 소요된다. 사실상 단시간 내 극지연구소의 제품성과 제출은 어려운 상황이었다. 그래서 대안으로 연구소 특허 등록건수를 제출했는데, 특허도 전부 상업화되는 것은 아니라 정답은 아니었다. 그런데 하나님이 도우셨다. 거의 같은 시기인 2012년 4월 극지연구소 바이오연구팀이 남극 항산화물질인 '라말린'을 모 대기업에 이전하여 냉장화장품 '프로스틴'을 막 출시했고, 이

우리나라 대기업이 생산 판매 중인 냉장화장품 '프로스틴.

출처: LG 생활건강 홈페이지
https://www.lghnh.com:984/search/
search2.jsp?searchWord=프로스틴&page=1

것이 뉴스화된 것이다. 필자는 이 따끈따끈한 프로스틴 기사들을 모아 외교부에 전달하면서 북극 다산과학기지에서도 이러한 산업성과를 낼 수 있다고 설득하였다. 외교부는 이 근거자료를 인정하고, 조약 절차를 밟아나가 같은 해 9월 우리나라가 '스발바르 조약' 당사국이 되었다.

'스발바르 조약' 해석에 국가 간 논란

최근 이 조약 해석에 각국이 다른 입장을 취하면서 다시 주목받고 있다. 러시아가 동 조약에 입각하여 스발바르 지역에서 광산 및 어업 활동을 하는데 노르웨이가 그러한 활동을 제한한다며 불평을 하였다. 즉, 러시아의 광산활동에서 헬리콥터를 사용하는 것을 노르웨이가 제한하고 있으며, 스발바르 제도 주변 해역에 어종보호구역을 지정하는 등 바다에서 자연보호구역을 고의적으로 확대하여 러시아의 어업활동이 제한을 받았다는 것이다. 또한 발트해 국가인 라트비아와 리투아니아가 스발바르 제도에서 연장된 대륙붕 지역에서의 스노우크랩에 대해 관심을 표명하였다.

이 같은 조약 당사국의 입장에 대해 노르웨이는 2020년 2월에 이 조약 체결 100주년을 맞아 공식 입장을 발표하였다. 즉, '스발바르 조약'이 유럽경제자유구역을 넘어서는 권리를 주는 게 아니며, 또한 '유엔해양법협약'에 따라 EEZ에서 타국의 어업활동(경제활동)을 제한할 수 있다는 것이다. 자원개발에 대해서도 환경보호 등을 목적으로 주권국인 노르웨이가 다른 당사국의 개발권리를 제한할 수 있으며, 이는 국적에 대한 차별이 아님을 강조하였다. 그리고 '유엔해양법협약'에 따라 대륙붕에 대해서도 주권국(노르웨이)이 타국 경제활동을 얼마든지 제한할 수 있으며, '스발바르 조약'과 '유엔해양법협약' 간 다른 해석은 곤란하다는 입장이다.

그러면서 노르웨이는 다음과 같이 결론지었다. "스발바르 제도는 노르웨이의 일부이다. 노르웨이는 다른 나라와 통상적으로 노르웨이 자국의 영토에 대한 권리를 어떻게 행사하는지에 대해 협상하지 않는다."

그렇다면 노르웨이가 여기에서 인용한 '유엔해양법협약'은 어떤 내용인가? 영어로 'United Nations Convention on the Law of the Sea'로, 앞글자만 요약해서 UNCLOS로 불린다. 1982년 자메이카의 몬테고 베이Montego Bay에서 서명되었고, 1994년 효력이 발생되었다. 우리나라는 1996년 가입했으며, 현재 168개국이 가입되어 있다. 이 해양법협약은 바다와 그 부산물 자원을 개발하고 이용하고 조사하려는 국가의 권리와 책임, 영해, EEZ, 대륙붕, 공해(어느 나라에도 속해 있지 않은 바다), 심해저 등에 대한 정의와 해양생태계 보전, 해양과학 조사, 해양기술 개발과 이전, 분쟁 조정 등의 내용을 포함하고 있다. 국제해양법의 바이블이라고 보면 된다.

'유엔해양법협약'에서 그 나라의 통치권이 미치는 바다의 범위를 영해라고 하는데, 영해는 12해리 즉, 육지와 바다의 경계선에서 22.22km까지를 말한다. 그리고 배타적 경제수역EEZ은 영해기선 즉, 바다와 육지의 경계선으로부터 200해리(370km)에 이르는 수역 중 영해 12해리를 제외한 나머지 구역을 말한다. 영해 내에서는 주권국가가 에너지 개발이나 수산업 등 바다를 직접 이용하여 개발할 수 있는 권리를 가진다. 그리고 다른 나라의 배는 평화, 공공질서, 안전보장을 해치지 않는 범위에서 영해를 자유롭게 다닐 수 있는 무해통항권을 갖는다. 외국의 배가 그러한 무해통항을 할 때에는 계속적으로 신속하게 이뤄져야 한다. 해양법협약에 따르면 EEZ를 관할하는 국가가 EEZ에서 경제활동에 대한 독점적 권리를 가지고 있으며, 해양 환경보호와 경제활동을 보호하기 위해 타국 선박의 통항시 이동 경로를 지정해줄 수 있다고 명시되어 있다.

결국, 노르웨이는 이러한 '유엔해양법협약'이 우선이고, 이에 따라 자국의 땅인 스발바르 제도 EEZ 내의 자원들이 노르웨이에 의해 관리되고 보존되어야 한다는 입장이다. '스발바르 조약'은 지금으로부터 100년 전 상황을 반영한 것으로, 이후 1980년대 새롭게 발효된 UNCLOS 측면에서 조약이 적용되고 재해석되어야 한다는 입장으로 보인다.

EU는 최근에 스발바르 제도의 해양보호지역Fisheries Protection Zone에서 북극해 어종인 북극대구Cod의 어획 쿼터량을 2만 8,341톤으로 결의했다. 그러나 노르웨이는 올해 2월 '유엔해양법협약'과 영국이 EU에서 탈퇴한 점 등을 고려하여 1만 7,885톤의 어획만 허용한다며, EU의 대구 어획 쿼터량을 공식 거부했다. 노르웨이는 스발바르 제도가 노르웨이 영토로서 이러한 어획 쿼터에 대해 조율의 여지가 없다고 단언하고 있다. '스발바르 조약'과 관련된 논란은 계속될 것으로 보인다.

제2장

북극 이슈 대응을 위한 주요국의 북극정책

KOREA

NORTHEN EUROPE

RUSSIA

JAPAN

EUROPEAN UNION

CHINA

UNITED STATES

중국의 북극정책

중국은 한국, 일본과 북극활동에서 한 가지 중요한 공통점이 있다. 바로 북극에서의 첫 활동을 과학활동으로 시작하였다는 점이다. 중국은 1996년 북극 과학자 간 비정부 국제기구에 가입한 후 1999년에 자국의 북극 쇄빙연구선인 설룡호를 통해 첫 북극 해양탐사에 나섰다. 이때에 한국인 과학자 2명이 같이 승선하여 우리나라도 북극연구의 첫발을 내딛었다.

이어 중국은 2004년 한국의 다산과학기지가 있는 북극 스발바르 제도의 니알슨에 황하기지를 개소하고 독자적인 육상 기반 북극연구를 시작하였다. 이러한 연구활동을 기반으로 중국은 2007년 북극이사회의 잠정 옵서버가 되면서 북극을 기반으로 하는 국제 외교무대에 진출

중국 쇄빙연구선 설룡호.
출처: 중국극지연구소(PRIC) 홈페이지 https://www.pric.org.cn/

하였다. 2012년 4월에는 당시 원자바오溫家寶 총리가 북극권 국가인 아
이슬란드를 방문하여 해양자원개발, 환경보호 등의 협력에 합의하고,
그해 8월 설룡호가 아이슬란드 수도 레이캬빅의 항구에 도착하여 양국
협력 연구활동을 하며 중국의 외교전략을 지원하였다.

　그리고 마침내 이듬해인 2013년 중−아이슬란드 간 자유무역협정FTA
이 체결되면서, 중국이 북극권 자원확보의 교두보를 마련하였다. 그리
고 2013년 우리나라와 함께 북극이사회 정식 옵서버가 되면서, 북극권
주요 기구의 일원이 되었다. 2018년 중국 정부는 자국의 첫 북극정책(일

명 북극정책백서)을 발표하였고, 2019년에 제2설룡호 건조를 완료하여 쇄빙연구선 2척을 보유한 나라에 이름을 올렸다.

시진핑의 북극정책백서

중국은 국가부흥정책과 북극정책을 연동하는 전략을 펴고 있다. 시진핑習近平 주석은 2013년 3월 국가주석 취임 후 중국몽, 일대일로 구상 등 중국의 부흥정책을 제시하였다. 중국몽中國夢은 시 주석이 2012년 18차 당대회에서 총서기로 선출된 후 처음 사용한 용어로 미국과 수평 관계를 형성하고 중국식 강대국 외교를 통해 국제사회에서 중국의 국가위상을 제고하며, 경제패권국으로의 정체성과 역할을 정립하는 것이 핵심인 개념이다. 일대일로—帶—路는 이러한 중국몽을 완성시킬 장기계획에 해당된다.

참고 ▷ **실크로드란?**

실크로드Silkroad는 동양과 서양을 이어준 육상물류 및 문화교역로로 정의된다. 중국의 문명발생지인 황하강 유역의 중원中原 지방에서 시작하여 타클라마칸Takla Makan 사막의 남북 가장자리를 따라 파미르Pamir 고원과 중앙아시아의 초원, 이란의 고원지대 등을 지나 지중해 오른쪽 구역인 동안(현재 시리아, 요르단 지역)과 북안(콘스탄티노플=현재의 이스탄불)에 이르는 길을 말한다. 중국에서 이 길을 따라 비단, 칠기, 도자기와 같은 물품과 양잠·화약·제기 기술 등이 서역으로 건너갔다. 결국 중국이 비단(실크)을 유럽의 관문인 이스탄불Istanbul까지 수출한 육상길을 실크로드로 명명한 것이다.

뉴New 실크로드(해상과 육상 실크로드) 정책으로도 불리는 시진핑의 일대일로는 2013년 9월과 10월에 각각 '실크로드 경제벨트(육상 실크로드)'와 '21세기 해상 실크로드'를 융합한 개념이다. 시진핑은 2013년 9월 카자흐스탄 방문 중에 중국과 유라시아 각국의 경제협력과 발전 공간을 확대하기 위한 시책으로 '육상 실크로드' 건설을 제의했다. 또한 같은 해 10월 시진핑은 중국-아세안 간 협력 및 긴밀한 운명공동체 구축을 강조하며 21세기 '해상 실크로드' 건설을 제의하여 일대일로 개념을 비로소 완성하였다. 다만 여기에 북극의 새 바닷길인 북동항로는 포함되지 않았다. 일대일로는 중국-중앙아시아-유럽을 연결하는 육상 실크로드 경제벨트(일대: One Belt)와 인도양-아프리카-지중해를 연결하는 해상 실크로드(일로: One Road)를 합친 것을 말한다. 여기에서 육상 실크로드의 핵심 대상국은 중앙아시아국이고, 해상 실크로드는 동남아시아, 남아시아(인도, 파키스탄, 네팔, 부탄 등의 나라), 아프리카를 대상으로 한

> **참고** 아세안이란?
>
> 아세안ASEAN: Association of Southeast Asian Nations은 동남아시아의 정치, 경제, 문화 공동체로 1967년 출범한 정부 간 기구이다. 사무국은 인도네시아 자카르타Jakarta에 있다. 회원국은 말레이시아, 인도네시아, 싱가포르, 필리핀, 태국, 브루나이, 베트남, 라오스, 미얀마, 캄보디아 등 동남아시아 10개국이다. 회원국의 총인구는 6억 2,500만 명, 연간 2조 3,000억 달러의 경제규모(소비시장)을 갖고 있다. 우리나라는 문재인 대통령의 신남방정책 일환으로 2019년 12월 한-아세안 특별정상회의(개최지: 부산)를 개최하고 경제협력 강화를 약속했다.

다. 결국 중국의 일대일로에는 러시아, 일본, 미국이 고려대상에 포함되지 않았으며, 러시아 북쪽의 북동항로도 포함되지 않았다.

그러나 중국과 러시아 간 협력강화 기조 하에 중-러 시베리아 고속철도 건설, 북동항로 개발 등이 일대일로 정책에 추가될 것이라는 전망이 제기되었다. 이어, 2017년 6월 중국은 '일대일로 상에서의 해사협력 비전'을 발표하였는데, 이 비전에서 기존의 일대일로 경제통로 외에 북동항로를 새로운 '빙상 실크로드Polar Silkroad'로 포함시켰다. 그러면서 북극의 바다를 가로지르는 길을 러시아를 포함하는 물류 및 교통의 새로운 중심축으로 명명하였다. 실제 러시아는 이 북동항로를 자국의 북극자원 잠재력을 외부로 분출시키는 통로로서 준비해나가고 있다. 현재도 바닷길을 이용하여 물건을 실어 나르는 해운선사는 그 물류 규모 면에서 세계 1위는 덴마크 머스크Maersk(세계 물류의 18%)이고, 2위가 스위스의 MSC(세계 물류의 16%), 그리고, 3위는 중국의 코스코Cosco(중국원양해운그룹, 세계 물류의 12.6%)이다. 중국은 북동항로가 코스코에게 새로운 기회를 줄 것으로 전망하고 있다.

한편 중국 정부는 2017년 해사협력비전에서 북동항로를 청색경제통로Blue Economic Passage로 명명했고, 2018년 1월 '북극정책백서'를 발표했는데, 이 전략의 핵심은 자국을 근近북극국가Near Arctic Country로 천명하면서 북동항로를 '빙상 실크로드'로 명명하여 일대일로 상에서의 중국의 새로운 경제통로로 공식화한 것이다. 중국은 기후적으로 북극으

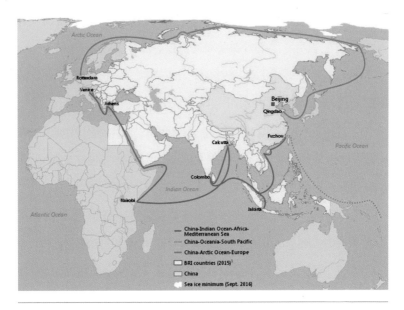

중국의 빙상 실크로드(사진 위 파란색 선).
출처: China International Trade Institute (2015.8)

로부터 직접적인 영향을 받고 있기 때문에 근북극 국가라고 말하고 있
으나, 국제사회는 이에 대해 북극선(북위 66.33도)과 900마일 이상 떨어져
있다며, 이견을 보이고 있다.

　정책백서에는 중국의 주요 실행과제로 기후변화 대응, 과학연구 및
탐사와 국제협력같이 우리나라와 일본 등이 추진하고 있는 과제 외에
도, 에너지 및 광물자원 탐사나 개발, 친환경 관광자원 개발 참여, 안보
관련 이슈에 대한 협력과 참여 등 북극권 국가 입장에서는 예상을 뛰

어넘는 적극적인 계획들이 포함되어 있다. 중국은 이러한 정책을 홍보하는 자리로 2019년 북극서클 중국포럼을 중국 상해에서 개최하였다. 30개국 500여 명의 북극 전문가와 각국 정부 관계자들이 모인 이 자리에서 중국 북극정책과 관련 활동을 적극 홍보한 바 있다.

한편 중국은 최근 다롄항을 북동항로의 모항 허브기지로 구축하기 위한 작업을 추진하고 있다. 중국은 북동항로가 기후변화로 머지않은 미래에 얼음 없는 바닷길로 개방되면 세계 해운시장에 지각변동이 일 것으로 예상하고 있다. 중국은 이 같은 북동항로 모항허브 계획을 빙상 실크로드 개발의 핵심 포인트로 하여, 러시아 북동항로 및 연안항만과 접점을 이루면서 취항비용(예인, 호송 등) 절감의 혜택과 함께 다롄항이 연계항로 국가들과의 다국적 경제무역 협력거점이나 해운서비스 및 종합물류의 전진기지로의 역할을 할 수 있도록 준비하고 있다.

이렇게 되면 한국과 일본의 북동항로 허브항 후보들과 각축을 벌일 것으로 전망된다. 중국은 이러한 다롄항 계획을 정책적 및 학문적으로 지원하고 전문인력을 양성하기 위해 2020년 다롄시 인민정부, 중국 항해학회, 다롄 해사대학교 등을 중심으로 총 26개의 국내외 기관이 참여하는 '동북아 북극 해운연구 컨소시엄'을 출범시켰다.

과학연구 선진화로 북극 공략

중국은 과학연구 선진화도 추구하고 있다. 2척의 쇄빙연구선 외에 극지 전용 위성도 운영하여 남북극 영상데이터를 직접 확보하고 있다. 무게가 16kg인 중국 최초의 극지 원격탐사 소위성인 징스1호는 지난 2019년 9월 성공리에 발사되어 1년간 극지 및 중위도 환경관측 임무를 수행하였다. 그 결과 1년 만에 남극 빙하 영상 850점, 북극 영상 1,025점을 획득하였다. 중국 베이징사범대와 중국 창청長城공업총공사 등이 이 위성을 공동제작했으며, 확보된 시각자료를 국제사회와 공유하여 기후변화 공동대응을 강화한다는 방침이다.

이와 함께 중국과학원은 2020년부터 북동항로를 다니는 중국 상선을 위해 북동항로 상의 해빙, 해역 상황을 관찰하고 분석하여 항로의 빙하상황, 위험상황을 실시간 감지하고 위험경보를 알려주는 시스템을 구축하였다. 기후변화로 북극해빙이 지속적으로 감소하고 있으나, 북극해에 떠다니는 크고 작은 해빙들은 여전히 운항하는 선박에 위험요소로 간주된다. 이에 중국과학원은 2020년 하반기에 북동항로를 오가는 중국 상선인 '티엔안天恩 호'와 '티엔여우天佑 호'에 총 100여 차례 해빙 상황을 포함한 공간정보 서비스를 제공함으로써 카라해, 랍테프해, 동시베리아해, 척지해 등 북동항로 상에서 비교적 해빙 위험도가 큰 해상을 안전하게 통과하는 데 기여하였다. 중국 정부는 앞으로 북동항로를 항행하는 더 많은 선박에 안전을 위한 필요정보를 제공할 예정이다.

이와 함께 북극 산업활동의 일환으로 중국 산둥철강그룹의 라이우 철강은 Arctic LNG-2기지 건설 프로젝트에 극저온 철강 1.8만 톤을 공급하는 독보적인 극한공학 기술력을 보이고 있다. 라이우철강은 기존의 야말 LNG기지 건설에도 극저온용 철강 7.5만 톤을 공급한 바 있다. 러시아 야말 및 기단 반도Gydan Peninsula 지역은 최대 −50℃까지 기온이 떨어지므로, 프리미엄급 철강인 극저온 철강이 필요했고, 라이우철강이 이런 까다로운 극한조건의 기술시험을 통과하여 2019년 4월 착공한 Arctic LNG 2기지 건설 프로젝트에서 유일한 철강 공급처가 되었다. 그리고 중국 국영 조선그룹인 중국선박공업의 후동중화조선도 LNG 수송선에서 해외 수주를 따내며 우리나라 LNG선 독점수주를 위협하는 실정이다. 이처럼 북극 인프라 건설의 에너지 개발사업에서 중국의 활약이 갈수록 확대되고 있다.

일본의 북극정책

    일본의 북극정책을 논하기에 앞서 일본은 아시아에서 가장 먼저 남극활동을 시작하였다는 이야기를 해야 할 것 같다. 일본의 노부 시라세Nobu Shirase라는 육군 중위는 약 110년 전인 1911년 남극대륙 탐사에 나섰다. 그는 남반구의 여름에 해당하는 1911년 2월 뉴질랜드 항구에서 출발하여 남극대륙에 도착 후 남극점을 향해 전진하였다. 그러나 기상악화로 얼마 가지 못한 채 후퇴하여 같은 해 5월 시드니Sydney 항으로 복귀했다. 그리고 같은 해 11월 19일 재도전하였다. 이때는 호주 시드니항을 출발하여 1912년 1월 16일 남극 빙붕에 도착 후, 1월 28일까지 썰매용 개들과 함께 250km 이상을 달려 '킹 에드워드 랜드King Edward VII Land' 인근 남위 80.5도 지점에 도달하였다. 여기에서 악천후에 다시 막혀 배로 복귀한 뒤 1912년 6월 일본 요코하마Yokohama 항에 귀국하였다. 이러한 활동 덕분에 일본은 극지활동에서 100년 이상의 역사를 갖게 되었고, 이를 바탕으로 1959년 '남극조약' 최초 서명에 참여한 12개국 중 유일한 아시아국으로 이름을 올렸다.

아시아 중 가장 먼저 북극진출을 이룬 일본

이 같은 남극활동에서의 오랜 노하우를 바탕으로 일본은 아시아국 중 가장 먼저 북극진출을 이뤘다. 1990년 북극권 국제 연구기관 네트워크인 국제북극과학위원회IASC에 가입하고, 일본극지연구소NIPR 내에 북극연구센터를 출범시켰다. 또한 일본은 1991년 아시아국 중 가장 먼저 니알슨 국제기지촌에 기지를 개소하였다. 우리나라의 다산과학기지가 2002년에 개소된 것을 감안하면 우리보다 독자적인 북극 과학연구가 11년 이상 앞선 셈이다.

1993년부터는 북동항로에 관심을 두고 관련 국제 프로그램INSROP과 일본 프로그램JANSROP을 주도하면서 북극 관련 경제활동에도 관심을 두기 시작했다. 그리고 2009년 북극이사회 잠정 옵서버에 이어 2013년에 우리나라, 중국과 함께 북극이사회 정식 옵서버 지위를 획득했다. 또한 일본 북극환경연구 컨소시엄이 2011년에 출범하면서 일본 북극 연구자 간 교류협력의 구심점 역할을 하게 되었다.

이러한 수많은 노력들이 기반이 되어 일본의 국가 수장인 총리가 주

일본 쇄빙연구선 시라세.
출처: 일본국립극지연구소(NIPR) 홈페이지
http://geo.nipr.ac.jp/shirase_geophysical_database/html/index.html

재하는 일본종합해양정책본부는 2015년 일본의 첫 북극정책을 국제
사회에 발표했다. 일본의 북극정책도 크게 기후변화 대응의 '연구개발',
'국제협력', '지속가능 활용'으로, EU와 같은 정책목표 및 하위 세부과제
들로 그 구조를 이루고 있다.

 연구개발 부문에서는 우리나라 과학기술정보통신부에 해당하는 문
부과학성MEXT이 자연과학 부문의 체계적 연구와 인문·사회, 공학, 정
책, 제도 등의 융복합 프로그램(일명 ArCS II: 지속가능성을 위한 북극의 도
전)에 연간 100억 원 규모를 지원하면서, 북극의 실질적 문제해결과 정
책결정, 과학성과 창출을 목표로 5년 단위사업(2020~2025)을 주관하고

있다. 이와 함께 일본 정부는 기존의 쇄빙연구선 시라세(일본 최초의 남극 탐험가 '노부 시라세'의 이름을 인용하여 명명) 외에 추가로 쇄빙연구선 건조추진을 공식승인하였다. 이에 따라 2021년부터 시작하여 2026년 취항 예정으로 5년간 총 건조비 335억 엔을 투입해, 길이 128m, 폭 23m의 쇄빙연구선을 건조할 예정이다. 이 배는 1만 3,000톤 규모로 우리나라 아라온(7,500톤)보다 크며, 쇄빙능력은 PC4, 즉 3노트의 속도로 1m 두께의 얼음을 깰 수 있도록 건조된다. 탑승인원은 승무원 포함 최대 99명이다. 이에 따라 중국에 이어 일본도 2척의 쇄빙연구선을 보유하는 국가가 될 것이다.

국제협력 부문에서는 일본이 북극이사회 등 북극권 국제기구에서 국격을 높이는 쪽으로 계획을 추진하고 있다. 지속가능 활용에서는 북극의 경제활동에 일본 산업계의 진출을 지원하고, 북동항로 활용을 위해 첨단기술인 항해지원 시스템을 개발하여 북극으로 운항하는 배가 안전하게 다닐 수 있도록 지원하는 계획을 추진하고 있다.

일본은 유럽 및 아시아의 LNG 운송 허브를 꿈꾸고 있다. 이와 관련해 일본 미쓰이상선Mitsui OSK은 러시아 캄차카 반도 및 무르만스크항에 부유식 저장장치를 활용한 LNG 환적항만을 2023년까지 노바텍과 함께 건설할 계획이다. 이 환적항만은 야말 LNG 기지와 기단 반도에 2023년 완공될 Arctic LNG-2 기지, 그리고 2030년 이후에 건설될 Arctic LNG-3 기지에서 생산되는 LNG의 중간 기착지 저장고 역할을 할 전망이다. 그리고 사이부가스Saibu Gas(일본 후쿠오카에 본사를 둔 가스회사로 후쿠오카 등의 지역에 가스공급을 담당한다)는 2019년 5월 노바텍과 MOU를 체결하고 일본 본토 내 히비키Hibiki LNG터미널에 2기의 추가 LNG 저장탱크를 건설하여 중국 및 아시아 판매를 위한 전략기지로 삼을 것이라고 발표하였다.

이러한 가운데, 일본 종합해양정책본부는 2018년 7월에 북극정책 프로젝트팀을 구성하고 일본의 북극정책 3대 축인 과학연구, 국제협력, 지속가능개발에서 각각 우선순위를 정하도록 지시하였다. 프로젝트팀은 1년의 연구 끝에 2019년 9월 정책 우선순위를 발표하였다. 그 결과 연구개발 부문에서는 문부과학성이 주도하는 북극 과학연구 프로젝트 개발 및 수행ArCS II, 국제협력 부문에서는 2021년 일본 동경에서 열리는 북극 과학장관회의 및 북극서클 일본포럼의 성공적 개최, 경제활동에 해당되는 지속가능발전 분야에서는 일본 업계의 북동항로 활용에 대비한 북극항로 운항지원 시스템 구축 및 안전한 북동항로 예측기술 확보 등을 제시하였다. 즉, 기후변화로 조만간 북동항로가 열리면 일본 해운업계 등이 본격적으로 활용할 수 있도록 과학기술 분야에 첨단 기술개발을 요청한 셈이다.

시너지를 내도록 설계된 정책설계

일본의 북극정책은 주요 시사점을 제공한다. 지속가능활용과 국제협력, 그리고 연구개발의 각 세부시책이 개별적인 추진으로 끝나는 게 아니라, 이 3대 정책목표 간 성과를 상호공유하고 협력하여 성과의 시너지를 내도록 설계가 되었다. 이는 앞으로 어느 분야나 정책설계를 할 때 벤치마킹을 해야 할 요소가 된다. 기존의 평면적 정책의 병렬식 나열을 벗어나 상호 시너지를 주는 식의 정책설계가 필요하다.

일본은 북동항로가 근래에 상용화될 것으로 예상하면서 과학기술적 노력과 업계의 활용, 그리고 항로 활용을 통해 북극의 에너지 자원 확보 및 아시아 판매망 구축이라는 큰 그림을 그리고 있다.

이 같은 노력은 일본이 러시아 북극의 LNG 개발에 지분참여를 하는 데에서도 여실히 드러난다. 러시아 서시베리아의 야말 반도에 위치한 야말기지 LNG 사업은 매년 1,650만 톤의 LNG 생산이 가능하며, 북극권에서 진행 중인 세계 최대 규모의 액화천연가스 사업이자, 세계 최대 규모의 천연가스 개발, 액화, 운송, 판매를 하는 일체형 사업이다. 북극 야말 반도의 LNG기지 지분은 러시아 노바텍이 50.1%, 프랑스 정유회사 토탈Total이 20%, 중국 최대 국영석유회사인 CNPC가 20%, 중국 실크로드 기금이 9.9% 참여하였다. 즉, 프랑스와 중국이 해외국가로서 지분을 가져가고, 일본은 지분 투자 대신 일본의 글로벌 엔지니어링사인 JGC와 치요다화공건설Chiyoda Corp.이 야말 LNG기지 건설에 참여하였다.

한국은 이 야말기지의 지분이나 건설에 참여하지 않았으나, 대우조선해양이 15척의 쇄빙LNG운반선을 수주하여 거제 옥포조선소에서 건조 및 납품을 완료하였다. 러시아는 야말 LNG 생산기지를 지난 2017년에 준공하여 가동 중에 있다. 또 하나 주목해야 할 점은 이 기지가 야말 반도의 −50℃ 혹한추위도 이겨내고 가동되고 있다는 점이다. 대부분의 설비는 영하 수십 도로 내려가면 윤활유가 얼거나 기계적 작동이 멈추는데, 극한공학Extreme Engineering 기술 덕분에 이러한 우려를 불식시켰다. 더욱이 생산기지에서 천연가스를 −162℃에서 600배 압축한 액화천연가스로 LNG 운반선에 싣는데, 이러한 극한의 환경은 오히려 −162℃로 압축시키는 비용을 감소시킨다. 이러한 성공적인 기지운영을 기반으로 러시아는 북극 기단 반도에서도 Arctic LNG−2 건설을 추진하고 있다. 여기에는 러시아 노바텍이 60%, 프랑스 토탈이 10%, 중국해양석유총공사CNOOC가 10%, 그리고 일본 미쓰이 및 정부법인인 일본석유천연가스금속광물기구JOGMEC 간 컨소시엄이 10%의 지분참여를 2019년 확정하였다. 이 기지가 2023년 말 준공을 완료하고, LNG 생산에 들어가면 연간 1,980만 톤의 LNG가 생산된다. 이처럼 일본도 북극 LNG 개발에 지분참여를 하였고, 이 같은 산업계의 북동항로 활용을 통한 에너지 운송 계획에 부응하여 일본 정부는 북극정책의 북극항로 운항지원시스템 구축이라는 우선순위 과제를 추진하고 있다. 일본의 이 같은 북극 경제진출 추진 확대전략을 눈여겨볼 필요가 있다.

러시아의 북극정책

사실 북극정책에서 가장 관심을 두어야 하는 나라는 러시아라고 해도 과언이 아니다. 러시아는 남동쪽으로는 중국과 북한, 몽골 등 아시아 국가와 접해 있고, 서북쪽으로는 노르웨이, 핀란드 등 북유럽 국가, 그리고 서쪽으로는 에스토니아, 라트비아 등 발트해 3국과 우크라이나, 조지아, 벨라루스 등 동유럽 국가, 남쪽으로는 카자흐스탄, 조지아, 아제르바이젠 등 중앙아시아 국가들과 국경을 접하고 있으며, 북한과는 두만강을 두고 국경을 접하고 있다.

이처럼 광활한 러시아의 국토 중 북극 지역의 면적은 2,700만km²로, 러시아 전체 면적의 20%를 차지한다. 유럽 면적의 3배에 이르는 넓이이다.

이러한 러시아의 북극 지역이 기회의 땅으로 변모하고 있다. 자원의 보고일 뿐 아니라 북동항로 관리에 따른 인프라 건설과 LNG 등의 에너지 개발 및 수출 등과 관련한 기회가 대규모로 발생하고 있다. 우리나라 입장에서도 러시아 북극에서 생산하는 LNG 쇄빙운반선 수주나 LNG 수입원 다변화, 북극권 인프라 건설 등 경제적인 측면에서 가장 관심을 가져야 하는 나라가 되었다.

현재 북극에는 미발굴 가스의 30%, 미발굴 석유의 13%(2009, USGS 미국지질조사국)가 북극선 이북에 매장되어 있고, 대부분 수심 500m 이하의 근해상에 위치하고 있다. 이 같은 에너지에 대해 북극권 국가별 석유·가스 잠재량을 살펴보아도 러시아가 차지하고 있는 비율이 52%로 전체 절반이 넘는다. 그리고 새 물류 루트인 북동항로도 러시아가 현재 관할하고 있다.

1987년 무르만스크 선언으로 북극 지역 국제사회에 개방

앞서 잠깐 언급한 대로 러시아는 구소련 시절 동서냉전기에 북극을 폐쇄하였다. 동서냉전기는 제2차 세계대전부터 1991년 구소련이 붕괴될 때까지의 기간을 말한다. 동서냉전 종식 직전인 1987년 러시아의 고르바초프 당시 공산당 서기장이 '무르만스크 선언'을 발표하면서 북극 지역을 국제사회에 본격 개방하였다. 구소련 시절은 서기장이 대통령이었고, 고르바초프는 1985년부터 8대 서기장을 지내다 1990년 첫 대통령으로 취임하였다. 그리고 1991년 12월까지 임무수행 중에 구소련이 해체되었고, 후임 옐친 대통령이 새로 취임하였다. 이 '무르만스크 선언'에서 고르바초프는 북동항로의 국제사회 개방과 북극권 자원의 공동 개발 및 환경보호를 위해 북극권 국가 간 협력 등을 제안하였고, 이 제안은 1996년 북극이사회 출범으로 이어졌다.

러시아의 북극정책 연혁을 요약하면 다음과 같다. 2001년 6월 북극지역에 대한 러시아 연방의 국가정책 기반을 발표하였고, 2008년 9월 '2020 북극개발전략'을 발표하였다. 그리고 2013년 '북극 독트린 Doctrine' 즉, 2020년까지의 북극 지역 발전 및 국가안보 전략을 발표하였다. 2015년에는 북극 지역 특별 경제발전 프로그램을 확정하였다. 이어 2016년에는 150개의 북극권 국가 프로젝트가 포함된 북극 지역의 사회경제발전 2020 계획을 2025년까지 연장하였다. 이후 러시아 정부는 2019년 연두교서에서 북동항로 활성화 및 물동량 증가 목표치를 2024년 8,000만 톤 달성으로 제시하였다(참고로 로사톰사에 따르면 2020년 북동항로 물동량은 3,279만 톤으로 러시아 정부의 목표치 2,900만 톤보다 4.7% 증가했다). 그리고 2020년 3월에는 푸틴 대통령이 '2035 북극정책 기본원칙'을 승인하며 포괄적인 북극정책을 제시했다. 이어 같은 해 10월에는 이 기본원칙을 이행하기 위한 전략인 '2035 북극개발·안보전략'을 승인·발표했다. 이와 함께 2021년 3월 이집트 수에즈 운하에서 파마나 선적의 세계 최대 규모 22만 톤급 컨테이너 화물선 에버기븐Ever Given 호가 좌초되어 운하의 통행이 상당기간 중단되자 러시아는 북동항로를 수에즈 운하를 대체할 새 항로로 개발하는 것을 추진하고 있다. 러시아는 수에즈 운하에서의 운항 중단 사태를 북동항로의 중요성을 입증하는 근거로 삼아 북동항로 홍보를 강화하고 있다.

이 같은 러시아의 북극전략에 대해 일본의 북극정책 프로젝트팀은 2019년 보고서에서 러시아의 북극전략을 북극안보 확보, 대륙붕 경계획정, 북동항로 관리, 자원개발의 4가지로 요약한 바 있다. 이것은 그간의 러시아의 북극 관련 활동을 분석한 것인데, 러시아 정부는 '자원개발과 경제발전', '북동항로의 개발과 운영', '평화와 기후·환경 변화 대응 등의 국제협력 기여', '북극에 대한 러시아의 군사안보와 통치권 확립'으로 자신들의 활동을 제시한다. 즉, 일본 정부는 국제협력보다는 북극권 대륙붕 경계획정을 러시아의 우선순위 전략이라고 분석하고 있음을 알 수 있다.

사실 러시아의 북극권 대륙붕 경계획정은 러시아가 활발하게 추진해온 정책 이슈이다. 북극권 대륙붕 경계획정은 '유엔해양법협약'에 따라 1997년 출범한 UNCLCS(유엔대륙붕한계위원회)가 판단하여 권고하는 기능을 갖고 있다. 즉, 회원국이 자국 대륙붕이 배타적 경제수역EEZ 기준인 200해리를 넘어서 자연적으로 이어진다고 판단할 경우 과학조사를 거쳐 대륙붕 한계연장의 근거정보를 제출하면, UNCLCS는 이를 심사하여 권고한다. 박용안 서울대 명예교수가 현재 UNCLCS 의장직을 수행하고 있는데, 러시아가 2019년 4월 제출한 북극해 평방킬로미터 면적의 대륙붕 연장신청 서류에 대해 긍정적인 결론을 내렸다. 이 면적은 북극점과 로모노소프 해령 면적을 포괄하는 광활한 크기로 덴마크(그린란드) 등의 대륙붕 연장 계획과도 상당 부분 면적이 겹친다. 러시아가 이 같은 UNCLCS의 잠정결론을 근거로 계속해서 대륙붕 연장 노력을 지속하면 주변국들과의 갈등이 커질 수도 있다.

한편 러시아는 북극개발을 위해 정부 부처도 개편하였다. 러시아는 2013년 12월 출범한 극동개발부Ministry for the Development of the Russian Far East를 2019년 2월 극동 및 북극지역개발부Ministry for the Development of the Russian Far East and Arctic Region로 확대하였다. 이를 통해 새롭게 출범한 부처는 러시아 북극권 9개 지역과 11개 극동지역 개발을 담당한다.

북극항로를 활용한 통합물류 시스템 구상

러시아는 북동항로 관리도 강화하고 있다. 러시아 정부는 현재 북동항로청Northern Sea Route Administration을 통해 북동항로를 관리하고 있다. 또한 러시아 내륙의 천연자원을 운송할 수단으로 북동항로의 바다와 연계되는 러시아 내륙 주요 강인 오비강, 예니세이강, 레나강을 활용한 '하운 물류망' 확대도 적극 추진하고 있다. 즉, 내륙에서 채굴한 자원을 주요 강의 강줄기를 따라 운송하거나 철도망을 통해 북동항로 거점 항까지 운반하고, 여기에서 북동항로를 활용해 수출하거나 철도를 통해 러시아 내륙 도시로 운송하려는 계획이다. 이렇게 되면 철도-강길-바닷길(북동항로)을 연계하는 통합물류 시스템이 완성된다. 예를 들어 북동항로의 주요 거점항이자 군사항인 무르만스크항의 경우, 석탄, 목재, 수산물 등을 콜라강을 활용한 하운운송 또는 철도를 통한 육로운송으로 집하한 후, 다시 러시아 내륙으로 보내거나 수출을 하는 허브항 기능을 하는 것이다.

재미있는 점은 이 무르만스크항이 2007년 건조된 세계 최대의 쇄빙선 '승리 50주년호50 Let Pobedy'가 북극점까지 항해하는 크루즈 터미널 항으로도 활용된다는 것이다. 이 배는 2만 5,000톤 급으로 우리나라 최초의 쇄빙연구선 아라온의 3.5배 크기이며, 최대 시속 40km에, 최대 5m 두께의 얼음을 깰 수 있는 쇄빙능력을 갖추고 있다. 또한 배 가운데에서 연료용으로 쓰이는 우라늄봉은 5년마다 교체되어 별도의 연료 주입이 필요 없도록 설계되었고, 무보급 항해를 7개월, 선원 140명과 승객을 최대 120명까지 태울 수 있는 승선능력을 갖추고 있다. 이 배는 북극 바다에 얼음이 어는 가을부터 봄까지는 러시아 북동항로를 운항하는 선박 앞에서 가이드 역할을 하며 바다 얼음을 깨준다. 그리고 얼음이 없는 여름 시즌에는 무르만스크항에서 관광객을 태우고 북극점까지 왕복운항하며 북극점 관광 크루즈 역할을 한다. 이 크루즈 여행의 고객은 대부분 중국인으로, 선실 내부에는 러시아어와 중국어로 설명된 안내문이 부착되어 있다. 관광객들은 북극점에 도착하면, 해빙 위에서 북

러시아 세계 최대 원자력쇄빙선 '승리 50주년호' 개요도.
출처: 로사톰사 홈페이지
https://www.rosatom.ru/en/rosatom-group/the-nuclear-icebreaker-fleet/

극점을 기준으로 빙 둘러 강강술래를 지구 자전방향의 반대편으로 하면서 나이를 거꾸로(?) 먹는 놀이를 한다.

　러시아는 현재 자국법을 정비하고 북동항로를 관할하면서 해외 선박의 북동항로 통과시 러시아 북극권 항구의 이용과 쇄빙서비스, 즉 러시아 쇄빙선의 에스코트와 도선사의 승선을 법으로 의무화하고 있다. 또한 러시아는 북동항로를 통과하는 에너지 운반선을 러시아 국적 등록 선박 또는 러시아에서 건조된 쇄빙선으로 제한하는 등의 무역항행법을

승리 50주년호를 활용한 북극점 관광.
출처: https://poseidonexpeditions.com/northpole/

마련하였다. 이 법의 해당 조항은 북동항로 수역에서 러시아 국적 선박에 에너지 수송과 관련한 독점적 권리를 부여하는 것으로, 조선업을 포함한 자국의 북극개발 축으로 북동항로를 활용하려는 밑그림에 해당한다. 다만, 현재 러시아의 선박건조 능력에 한계가 있어 북동항로에서 타국적 선박의 LNG 운송을 2021년까지 한시적으로 허용하였다. 앞으로 러시아 법제 관련 변화가능성이 크므로 북동항로 활용을 준비하기 위해서는 법제 변화의 지속적인 모니터링과 대응이 필요하다고 하겠다. 러시아의 북동항로 관리에 대해 서방 일부 국가에서는 통행 비용을 지불하지 않아도 되는 무해통항권이 적용되는 수역이라고 주장하고 있다.

적극적인 북극권 투자 유치

러시아는 이 같은 법제 정비 외에도 푸틴 대통령이 직접 나서서 북극권 투자를 유치하고 있다. 현재 푸틴 대통령이 주관하고 해외 수장들과 기업 CEO, 정부 및 연구기관들이 대거 참여하는 3대 국제포럼이 있다.

첫 번째는 러시아 서부의 대표적인 도시 상트페테르부르크Saint Petersburg에서 매년 개최되는 '국제경제포럼SPIEF'이다. 러시아판 다보스포럼이라 불리는 이 포럼은 매년 개최되며, 2021년 제24차 SPIEF가 개최될 예정이다.

두 번째로, 러시아 극동의 대표 도시인 블라디보스토크에서 개최되는 '동방경제포럼Eastern Economic Forum'이 있다. 이 포럼은 러시아 서쪽 지역에 비해 상대적으로 발전이 덜 된 극동지역에 대한 해외투자 및 개발을 목표로 하는 경제포럼으로서 극동연방대학교에서 매년 열린다. 블라디보스토크는 러시아가 홍콩과 같은 자유항으로 개방을 추진하는 도시로 이 도시를 핵심 거점지역으로 육성하여 러시아의 새 성장동력으로 삼는다는 목표를 갖고 행사를 개최하고 있다. 이 행사는 규모

국제북극포럼 행사 장면.

도 매우 크다. 2017년 동방경제포럼 행사에는 50여 개국 4,000여 명이 참가한 바 있다.

마지막으로, 격년마다 개최되는 '국제북극포럼International Arctic Forum'이 있다. 이 포럼은 러시아 북극에 대한 국내외 투자개발 유치 및 기술개발, 국제협력 등을 목표로 한다. 2019년에 5차 포럼이 열렸는데, 당시 52개국에서 3,600여 명이 참여했을 정도로 규모가 큰 행사였다. 2019년 국제북극포럼 행사에서 가장 관심을 모은 세션은 푸틴이 직접 참여하고 발표한 세션이었다. 푸틴 대통령과 당시 니니스퇴Sauli Väinämö Niinistö 핀란드 대통령, 요한네손Guðni Thorlacius Jóhannesson 아이슬란드 대통령, 슬베르크Erna Solberg 노르웨이 총리, 뢰벤Stefan Löfven 스웬덴 총리가 참석하여 국가수장 간 토론을 벌였으며 동시통역은 러시아어, 영어, 그리고 중국어로 진행되었다. 그만큼 러시아 내 중국의 입지도 커진 것을 알 수 있는 대목이다. 이 2019년 행사로 총 45건의 북극권 투자계약이 체결되었고, 이는 약 700억 루블 즉, 11억 달러 규모의 투자유치를 이끌어냈다. 또한 이 행사에서 129개의 러시아 기업과 12개의 해외 기업이 참여하여 드론, 설상 트랙터, 4차 산업혁명 기술을 활용한 극한 첨단장비 등 극한 공학기술과 첨단기술을 선보이며 북극 관련 기술 및 산업 분야의 전망을 밝게 했다.

러시아 로사톰사는 2020년 북동항로에 대한 3단계 개발을 추진하고 있음을 발표했다. 그 첫 단계는 현재 진행 중으로 컨테이너를 연안에 운송하는 단계이고, 두 번째 단계는 2025년부터 2030년까지 북동항로를 연간 운항이 가능한 항로로 만들어, 세 번째 단계인 2030년부터 2035년까지 수에즈 항로 등 다른 국제 운송로와 비교하여 경쟁력을 갖춘 항로로 만드는 것을 최종 목표로 하고 있다.

이 같은 항로를 구축하기 위해 항만 등의 인프라 구축과 함께 수송 및 지원 선박이 필요한 실정이다. 로사톰사의 2020년 발표에 따르면, 2035년까지 8척의 원자력 쇄빙선과 4척의 LNG 추진 쇄빙선, 59척의 탱크선, 21척의 벌크선, 15척의 쇄빙LNG운반선 등 관련 선박 확보가 필요하다.

한편 러시아는 북동항로를 활용하는 주요국인 중국을 상대로 인센티브를 준비하고 있다. 바로 중국기업이 북극에 진출할 때 세제혜택을 부여키로 한 것이다. 즉 북극권 각 항만별 면세구역을 설치하여 중국기업의 투자를 유치하고 세제 혜택과 비과세 혜택을 부여할 계획이다. 러시아연방의회와 연방위원회는 2020년 7월 북극지역 경제 및 산업생산 활동을 포괄적으로 촉진하는 법률과 투자자와 기업인을 대상으로 면세구역 설치를 포함한 일련의 우대정책을 승인한 바 있다. 이 같은 혜택은 중국뿐만 아니라 러시아 북극에 투자하려는 외국인 기업들에게도 기회가 될 것으로 보이며, 러시아 북극지역의 일자리 창출 등 경제 및 지역사회 발전도 이끌 것으로 보인다.

북극이사회 의장국으로서의 계획

북극이사회 의장국으로 러시아는 또 다른 계획을 수립하고 이를 추진하고 있다. 2021년부터 2023년까지 2년간 북극이사회 의장국을 수임하면서 추진할 의장국 주도 과제로 △북극 원주민을 포함한 거주민, △북극 환경보호와 기후변화, △사회 및 경제 발전, △다자협력 플랫폼 Platform으로서 북극이사회 권한 강화 등 4가지 주제를 포괄적이고 통합적으로 다루는 책임 있는 북극 거버넌스를 구축한다는 계획을 제시하였다.

여기에서 '북극 거주민' 주제의 경우 특히 청년층을 대상으로 하는 교육 등의 프로그램과 원격의료 도입 등 삶의 질 개선, 그리고 '환경보호와 기후변화' 주제에서는 기후변화 대응협력을 위한 새로운 메커니즘 제안, '사회 및 경제 발전'에서는 북극을 매력 있는 투자처로 만들고, 교역·투자 등 상호호혜적인 초국경 지역 간 협력증진 등을 주도할 계획이다. 마지막으로 북극이사회 권한 강화에서는 국제협력의 중심 프레임으로 북극이사회의 역할 강화를 꾀한다는 계획이다. 그밖에도 북동항로, 국제과학협력, 인프라 개발, 지속가능한 해운, 위기상황 대응 등도 의장국 과제에 포함될 예정이다.

러시아는 북극경제이사회에서도 지평확대를 도모하고 있다. 러시아의 노바텍 및 로사톰이 2021년 2월 북극경제이사회 회원기관으로 가입하여 활동확대를 꾀하고 있다. 기존에는 소브콤플로트만 북극경제이사회에 가입되어 있었다. 노바텍은 1994년 설립된 러시아 국영 천연가스 생산기업으로 러시아 천연가스 생산량의 80%, 전 세계 천연가스 생산량의 15%를 담당한다. 로사톰은 러시아가 국영으로 운영하는 세계 최대 원자력기업이다. 핵에너지 생산은 물론 핵폐기물 처리까지 공급망 전체를 포괄하는 청정에너지를 제공하는 기업으로 75년 역사의 사업 노하우를 축적하고 있다. 핵발전소 외에 풍력 에너지 등에 대한 사업을 추진하고 있으며, 세계 유일의 핵추진 쇄빙선단을 자회사를 통해 운영하고 있다.

러시아는 또한 북극안보의 긴장을 완화하는 정책을 펼칠 것으로 전망된다. 쿠르추노프 러시아 북극대사는 2021년 "북극에서 군사개입을 요하는 문제는 없다"며 '저긴장 고협력' 기조를 이어갈 것이라는 입장을 명확히 했다. 즉, 러시아가 올해 북극이사회 의장국이 되어 북극협력 강화를 주도하면서, 북극에서 러시아, 중국, 미국 간 신냉전이라는 긴장요소는 완화될 것으로 보인다.

한편 러시아와 일본, 핀란드의 컨소시엄Arctic Connect Consortium은 일본에서 핀란드까지 초고속 해저 광케이블을 설치하는 북극 통신 인프라 구축사업의 타당성 평가를 수행하고 있다. 8억 달러 이상의 사업비가 투입될 예정인 이 사업은 일본 동경부터 북동항로 무르만스크를 거쳐 핀란드에 이르는 1만 4,000km의 해저 바닷길을 통해 1초당 200테라비트급 초고속 광통신 인프라를 구축하는 사업으로, 2023년 개통을 목표로 한다. 홋카이도일렉트릭파워Hokkaido Electric Power 등 일본 내 6개 업체, 핀란드 국영 정보통신사인 시니아Cinia 등이 참여한다.

에스토니아 수도 탈린 전경.
출처: https://unsplash.com/s/photos/estonia-downtown

이 사업이 성사되면 북동항로 길을 따라 연결되는 해저 광케이블의 지선을 통해 러시아 북극의 주요 내륙지역까지 광통신망이 연결된다.

이와 함께 러시아는 4개의 극지 위성을 발사하여 북극에서의 위성 통신과 위성 인터넷의 활용을 강화하고, 러시아 톰스크 국립대학교Tomsk State Univ. 연구진은 러시아 북극의 극한환경에서 작동할 수 있는 5G 도입을 위한 모뎀을 개발했으며, 현재 송수신 장치 점검을 진행하고 있다. 러시아연방법에 따르면 러시아에 설치될 통신장비는 40% 이상의 자국 부품이 의무화되어 있다. 이 법에 따라 러시아의 기술 및 장비가 개발되어, 2024년경부터 단계적 도입을 목표로 하고 있다.

이 계획이 실현되면 러시아의 북극권 극한지역에서도 인터넷을 즐길 수 있게 되며, 러시아 북극의 원주민들 간 통신망이 연결되어, 교육 및 원격의료 등 다양한 서비스를 받을 수 있을 전망이다. 더욱이 이러한 인프라에 기반을 둔 원격의료로 원주민의 보건 및 건강이 개선되고 원격교육을 활용해 현대지식을 습득하면 기존의 전통 유지에 기여하는 것은 물론 알코올 중독 예방과 치료, 고등교육 지원 등을 해결할 수 있는 방안이 될 것이다.

한편 2020년 러시아 정부는 수소 기반의 탄소제로 북극 기지인 스노우플레이크Snowflake기지 건립계획을 발표했다. 이 기지는 야말 반도 툰드라 지역인 '희망의 땅Land of Hope'에 건설되며, 태양·풍력 등 신재생에너지와 이를 활용해 생산된 수소만을 에너지원으로 사용한다. 거주, 연구, 원주민 문화체험 시설 등이 연중 운영될 예정이며, 러시아는 이 기지 건설에 북극활동 국가들의 참여와 협력을 기대하고 있다.

미국의 북극정책

미국의 북극활동은 과거 구소련으로부터 알래스카를 매입하면서 시작됐다. 알래스카Alaska라는 말은 제정(황제가 나라를 다스리는 시기) 러시아 시대인 18세기부터 사용되었으며, 알류트Aleut 언어인 'Alyeska(의미: 커다란 땅, 즉 The Great Land)'에서 유래되었다. 당시에는 현재 알래스카 남서부 지역인 알래스카 반도만 지칭하였으나, 미국의 49번째 주로 편입되면서 알래스카주가 되었다. 면적은 171만 7,854km², 한반도의 7배 규모로, 미국 50개 주 중 가장 넓다. 미국은 1867년 구소련과 알래스카 매입 조약을 체결하고 자국 영토로 편입시키면서 북극권 국가 지위를 확보하였다.

당시 러시아 서쪽지역 크림 반도에서 벌어진 크림전쟁The Crimean War

미국 알래스카 도시 앵커리지 전경.
출처: https://www.alaskatravel.com/anchorage/city-tour/

에서 유럽연합군에게 패한 러시아는 자국 동쪽에 위치한 알래스카에 대한 관심이 상대적으로 소홀했다. 그 틈을 타 아시아태평양 지역으로 활동반경을 넓혀나가는 정책을 펼친 미국은 알래스카 대륙을 720만 달러에 매입하였다.

미국도 매입 직후에는 알래스카에 크게 관심을 두지 않았다. 안보 측면에서 군사 관할구역 정도로 관리하였다. 그러다 1890년대 알래스카에서 금광이 발견되면서 경제적으로 주목하기 시작했으며, 50여 년이 지난 1959년 7월 미국의 49번째 주로 편입시켰다(참고로 같은 해 8월 미국의 마지막 50번째 주로 하와이가 편입되었다.)

미국 알래스카 '포슬 팜 사이트'에서 발견된 야자나무 화석.

사진 출처
미국 플로리다 자연사박물관(Florida Museum of Natural History) 웹사이트.
https://www.floridamuseum.ufl.edu/100years/fossil-palm/#

알래스카는 요즘 역대급 온난화를 경험하고 있다. 알래스카의 앵커리지는 2019년 7월 32.2℃를 기록하였고, 케나이Kenai 등 다른 알래스카 도시도 최고기온 기록을 세웠다. 특히 고온건조한 날씨가 이어지면서 알래스카주 곳곳에 산불이 나 청정지역인 알래스카에 대기오염 경보까지 발령되었고, 알래스카 빙설이 감소하는 현상이 나타났다. 이러한 무더위(?)에 알래스카 주민들이 지역 호수에서 수영을 즐기기도 하였다.

그런데 특이하게도 알래스카에서 열대 화석이 발견된 적이 있다. 열대나 아열대의 따뜻한 곳에 서식하는 야자나무 화석이 알래스카 '포슬 팜 사이트Fossil Palm Site'라는 곳에서 발견된 것이다. 거북이와 악어 등 온난한 지역에 사는 동물 화석도 발견되었다. 이는 과거 알래스카가 열대나 아열대 기후 지역이었음을 알려준다. 이 같은 환경 외에도 알래스카주는 일부 지역이 천연가스 매장지로서 LNG 시추 및 생산 터미널의 가동이 가능하다. 다만 새 바이든 정부가 기후변화와 친환경에너지 정책을 강조하면서 알래스카를 포함한 LNG개발 사업은 정부의 정책적인 지원을 받기 어려울 것이라는 전망이 나오고 있다.

최근까지 미국의 북극정책은 북극안보를 최우선 순위로 고려

알래스카의 개요는 이 정도에서 정리하고, 다음으로 미국의 통합적인 북극정책 역사를 요약해보자. 닉슨Richard Milhous Nixon 대통령기인 1971년에 첫 '대통령 북극강령NSDM-144'을 발표한 데 이어, 레이건Ronald Wilson Reagan 대통령 시절인 1983년 두 번째 대통령 북극강령NSDD-90을 발표하였고, 클린턴William Jefferson Clinton 대통령이 구소련 붕괴에 따른 냉전 종료 후 첫 북극정책강령PDD/NSC-26을 1994년 발표하였다. 이 3개의 대통령 강령을 살펴보면 10여 년 주기로 발표되었고, 북극에서의 안보, 북극 환경과 개발의 조화, 국제 협력 등 3대 정책목표가 그 중심에 자리잡고 있으며, 그중에 북극안보(군사안보, 항행 자유 및 안전 등)를 최우선 순위로 고려하고 있다는 것을 알 수 있다.

이어 조지 부시George Walker Bush 대통령이 2009년 북극강령NSPD-66/HSPD-25을 발표하였는데, 이전 강령보다 구체화되어 6개 목표달성을 위한 7개 부문별 실행방안을 제시하였다. 그리고 오바마Barack Hussein Obama II 대통령이 2013년 5월 대통령 강령이 아닌 체계적인 북극지역 국가전략National Strategy for the Arctic Region을 발표하였다. 또한 이 전략을 이행할 실행계획Implementation Plan for the National Plan for the National

Strategy for the Arctic Region을 이듬해인 2014년 1월 발표하였다. 이 북극 지역 국가전략은 3대 기본전략을 제시하고 있는데, 역사적으로 이어온 미국의 북극전략인 북극 안보, 북극 환경보호(기후변화 대응 포함)와 개발 의 조화(지속가능개발), 국제협력 등의 큰 틀을 유지하고 있다. 즉 북극정 책의 정체성이 크게 변화되지 않고 유지되는 특징을 보이고 있다.

이어 2017년 1월 부임한 트럼프 대통령은 직전 오바마 대통령의 기후 변화 이슈에 대응하는 북극 환경보호와 지속가능개발 등의 정책에서 벗어나 기후변화 이슈 경시 및 에너지 개발을 표방하고 나섰다. 트럼프 는 당초 기후변화는 사기라고 주장했으나, 임기 중에는 기후변화가 사 기라고 생각하지는 않지만 인간 때문에 발생한 것이라는 주장에는 동 의할 수 없다는 입장을 보였고, 따라서 기후변화 이슈를 중시하지 않 았다. 그리고 2014년 설치된 국무부 내 기후변화·북극담당 특별대표 Special Envoy 제도를 폐지하였으며, 화석연료, 즉 북극권을 포함한 지역 에서 석유 및 가스를 개발하고 수출해 국가 재정수지 적자폭을 감소시 키기 위한 정책을 추진하였다. 또한 석탄개발산업을 지지하였고, 반反 기후정책을 유지하였으며, 기후변화 파리협약을 탈퇴하였다.

이러한 트럼프의 정책 속에 미국은 2017년부터 천연가스 순수출국 이 되었다. 여전히 캐나다와 트리니다드토바고에서 천연가스를 수입하 지만, 수입량보다 수출량이 많아 순수출국이 되었다. 또한 미국은 트럼 프 대통령 시절 셰일층에서 원유 및 가스를 뽑아내는 셰일오일 생산도 강화하였다. 셰일오일은 퇴적암의 일종인 셰일층에 갇혀 있는 원유나 가스를 뽑아내는 것으로, 이러한 암석층 사이에 고압의 물과 화합물을 쏘아 넣어 원유와 가스를 빼내는 방식으로 생산된다. 미국은 이러한 셰일오일 광구를 기반으로 전체 생산 원유의 2/3를 셰일층에서 생산하였다. 그로 인해 2019년 9월부터 월 단위 석유(원유, 석유제품 즉 휘발유, 경유, 등유, 윤활유 등의 총합량)의 순수출국으로 변모하였으며, 2020년부터 연 단위 석유 순수출국이 되었다.

미국의 트럼프 대통령은 천연가스와 함께 오일 수출을 통해 무역적자 해소에 기여하고 중동 의존도에서 벗어나 북극 천연가스를 주도하면서, 북극 천연가스 생산을 확대하는 러시아를 견제하려는 의도가 강했다.

다만, 트럼프 대통령은 오바마 대통령 시절 북극 해안경비대가 발표하는 북극 안보정책 기조는 그대로 유지하였다. 이와 관련해 트럼프 재임 중이던 2020년 7월 미 공군도 첫 북극전략을 발표하였다. 이 전략에서는 북극을 미국의 이익을 보호하는 데 매우 중요한 지역이라고 정의하고, 이 지역에서 러시아와 중국의 군사적 및 경제적 영향력을 우려하면서 미국의 영향력을 행사하되 동맹국과 파트너십을 유지하고, 북극 작전훈련을 지속화하며 플랫폼과 장비를 현대화하는 등의 추진계획을 담았다. 그리고 2020년에 그린란드에 미국 총영사관을 재개소하면서 1,200만 달러 규모의 경제지원 패키지(교육사업, 자원개발 등) 제공을 약속하는 등 그린란드 내 미국의 영향력도 점차 강화해나갔다. 또한 트럼프 대통령은 2020년 6월 기존의 노후한 쇄빙선 2척 외에 2029년까지 최소 대형 쇄빙선 3척과 중형급 쇄빙선 3척을 건조하여 남북극에서 미국의 국익을 강화해나가기로 했다. 미국은 러시아(2020년 기준 쇄빙선 40척), 핀란드(7척), 캐나다(6척) 및 스웨덴(6척) 등 주변국에 비해 쇄빙선 보유는 적은 편이다.

트럼트가 탈퇴했던 파리협약에 복귀한 바이든

트럼프 정부에 이어 2021년 1월 21일 미국의 46대 대통령으로 바이든 대통령이 취임했다. 바이든 행정부는 취임 당일 트럼프 정부가 탈퇴했던 '파리기후협약'에 복귀하는 행정명령에 서명하였다. 그리고 한 달간의 절차가 마무리되어 미국 시간으로 2월 19일 동 협약의 당사국 명단에 다시 이름을 등재하였다. 또한 지구의 날인 4월 22일에 세계 정상들이 참가하는 '기후정상회의'를 개최하고, 이 자리에서 40여 개국 중 20여 개 국가정상들이 온실가스 감축목표를 상향 발표했다.

즉, 유럽연합은 2030년까지 1990년 대비 55%의 온실가스 배출감축을, 독일은 65%의 감축을, 그리고 영국은 2035년까지 1990년 대비 78% 감축을 선언했다. 미국도 2005년 대비 최대 52%의 감축을 발표하였는데, 이는 기존보다 2배 가까이 상향한 셈이다. 일본도 2013년 대비 46% 배출감축을 밝히면서 기존 26%보다 20%를 더 상향시켰다. 중국은

2060년 탄소중립 달성을 위해 석탄 의존도에서 탈피하려는 노력을 강화하겠다고 약속했다.

바이든은 또한 취임 첫날 북극 국립야생보호구역ANWR의 석유 및 천연가스 개발을 임시 중지시키는 행정명령에 서명했다. 이와 함께 기후위기 대응과 바이오 연료와 전기차 등의 청정에너지 정책, 기존 석유가스 운영시설 강력 규제로 2050년까지 탄소 중립, 즉 Net Zero의 온실가스 배출 달성을 목표로 10년간 1조 7,000억 달러를 투자한다고 발표했다. 이렇게 되면 트럼프가 추진하였던 북극을 포함한 천연가스 개발이나 오일셰일 등에서의 석유가스 생산에 제동이 걸릴 것으로 보인다. 중국에 이어 온실가스 배출국 2위국인 미국은 이러한 친기후정책을 펼치면서 국제사회의 지지를 받을 것으로 예상된다.

북극권에 대한 미국의 국방력 대응도 국제사회에서 관심이 높다. 미국은 천조국이라는 별명을 갖고 있다. 연 국방예산이 우리 돈으로 거의 1,000조 원에 육박한다고 하여 붙여진 것이다. 실제 미국은 2020년 국방비로 7,405억 달러를 지출하였다. 주요 경쟁국인 국방비 세계 2위 중국(1,782억 달러)의 4배 수준이다.

또한 북극 방위의 한 축을 맡고 있는 미 해군은 2021년 1월 5일 '블루 아틱A Blue Arctic'이라는 이름의 별도 북극전략계획을 발표했다. 이 전략은 북극해가 기존의 하얀색 해빙에서 기후변화로 인해 해빙이 감소하면서 바다 본연의 파란색으로 바뀌고 있는 북극지역에서 미국 해군력의 운영 전략 계획을 담고 있다. 동 보고서는 러시아가 북극에서 국방과 경제 부문을 강화하기 위한 투자를 확대하고 있는 점과 중국의 북극 진출 확대에 대한 대응의 필요성을 피력하고 있다. 즉, 북극지역의 평화와 안보를 위해서는 미 해군과 북극지역 우방들의 협력이 필수적이라고 주장하고, 또한 북극에서의 국익과 안보를 위해 미 해군과 미 해안경비대USCG 간 협력을 강조하였다.

이러한 기조 하에 미 해군은 북극지역에서 강력한 군사능력 유지 Maintain Enhanced Presences, 협력 파트너십 강화Strengthen Cooperative Partnerships, 북극에서 해군의 역량제고Build a More Capable Arctic Naval Forecs 등을 3대 북극전략으로 제시했다.

한편 미국 바이든 대통령과 트뤼도Justin Pierre James Trudeau 캐나다 총리는 2021년 발표한 '양국 간 파트너십을 위한 신로드맵'을 통해 양자 간 코로나19 대응 및 보건안보 개선, 기후변화 파트너십 구축과 국방 및 안보 협력 강화 등의 청사진을 제시하였다. 또한 북미항공우주방위사령부를 현대화하기로 합의하였다. 1958년 출범되어 미국 공군과 캐나다 공군이 공동으로 운영하는 다국적 연합방공사령부인 북미항공우주방위사령부는 북아메리카(미국+캐나다)의 항공이나 우주에 관한 관측, 핵무기나 전투기 등의 위험에 대한 조기 발견을 목적으로 동향감시 및 대응하는 기구이다. 이번의 시설 첨단화를 통해 미국과 캐나다 양국 간 안보협력이 한층 강화될 전망이다.

탑다운 시스템의 북극연구 정책

미국의 북극연구 정책은 따로 법을 제정하여 연구 절차 및 성과를 관리하고, 이를 정책에 반영하고 있다. 미국 정부는 1984년 '북극연구정책법'을 제정하였다. 이 법은 북극연구가 어떻게 정책에 반영되고 정책이 어떻게 연구에 반영되는지의 절차 및 과정을 규정하고 있으며, 미국북극연구위원회USARC와 북극연구정책위원회IARPC의 설립과 운영을 규정한다.

미국북극연구위원회는 미국의 장기 연구정책을 수립하고 국가정책 우선순위, 기초 및 응용 연구 프로그램을 위한 연구목표 수립 등의 임무를 맡고 있다. 또한 과학데이터 공유 권고와 국내외 협력 증진을 주도한다. 이에 반해 북극연구정책위원회는 북극연구위원회가 수립한 북극연구목표와 장기 계획을 기반으로 5년 단위 중기 연구계획 및 예산을 수립하는 기능을 갖는다.

이러한 절차로 마련된 연구예산에 대해 백악관이 최종 예산을 검토하고 조율을 통해 확정하면, 연방 정부기관이나 대학, 연구소 등을 통해 사업비를 분배하는 시스템이다. 따라서 우리나라의 극지연구소와 같이 극지연구 전담기관이 있는 것이 아니며, 연구목표와 중·장기 계획을 정부위원회가 직접 수립하고 예산을 확정한 뒤 미국 내 연구기관 및 대학 간 경쟁을 통해 연구비를 배분하고 연구수행을 지원하여 국가 연구목표를 달성하는 시스템이다. 즉, 바텀업Bottom-up이 아닌 탑다운

Top-down 시스템이다. 이처럼 미국은 북극권 주요 이슈를 주도하는 국가로서 국방부터 과학에 이르기까지 전 분야에 걸쳐 체계적인 전략으로 정책을 이행하고 있다고 할 수 있다.

EU의 북극정책

EUEuropean Union의 북극정책을 소개하기에 앞서 EU의 체계에 대해 잠깐 살펴보자. 우리가 평소에 자주 접하는 EU, 즉 유럽연합은 유럽의 정치 및 경제 통합 실현을 목표로 1993년 11월에 출범한 정부 간 기구이다. 회원국은 오스트리아, 벨기에, 불가리아, 크로아티아, 사이프러스, 체코, 덴마크, 에스토니아, 핀란드, 프랑스, 독일, 그리스, 헝가리, 아일랜드, 이탈리아, 라트비아, 리투아니아, 룩셈부르크, 말타, 네덜란드, 폴란드, 포르투갈, 루마니아, 슬로바키아, 슬로베니아, 스페인, 스웨덴 등 총 27개국이다. 이중 덴마크, 핀란드, 스웨덴 등 3개국이 북극권 국가이다. 그리고 프랑스, 독일, 이탈리아, 네덜란드, 폴란드, 스페인 등 6개국이 북극이사회 옵서버 국가이다.

EU는 이러한 회원국의 북극에서의 지위를 근거로 북극권 이슈에 직간접적으로 관여하고 있다. 영국도 원래 EU 회원국이었으나, 2020년 1월 31일 탈퇴하였다. 이러한 영국의 탈퇴를 언론에서는 영국Britain과 탈퇴Exit의 합성어인 '브렉시트Brexit'로 부른다.

EU 본부(벨기에 브뤼셀 소재).
사진 출처
https://unsplash.com/
photos/0Uyvgcnl83g

유럽연합은 5대 핵심기구로 구성되어 있다. 최고결정기구인 EU이사회Council of the European Union와 ECEuropean Commission라고 불리는 EU집행위원회, 국회와 같은 유럽의회European Parliament, 유럽사법재판소Court of Justice of the European Union, 그리고 유럽회계감사원European Court of Auditors이다. 그리고 이 5대 기구 산하에 유럽경제사회위원회European Economic and Social Committee, 지역위원회European Committee of the Regions, 유럽중앙은행European Central Bank, 유럽옴부즈맨European Ombudsman, 유럽투자은행European Investment Bank 등 5개 기관이 배치되어 업무를 보완하고 있다. 그 자세한 기능은 뒷면의 표와 같다.

참고로 EU와는 별개로 유럽경제지역EEA: European Economic Area이 있다. 1994년 출범한 유럽경제지역은 유럽의 무역블록인 EU와 유럽자유

EU 5대 핵심기구	기능
EU이사회	회원국 정상 간 회의, 입법 및 주요 정책 결정 기구
EU집행위원회EC	법안 제안, EU의 이익 대변
유럽의회EP	EU 예산 확정, '입법, 예산 및 감독', 신규회원국 검토 및 동의
유럽사법재판소CJEU	EU 법규 해석 및 조치에 대한 판결
유럽회계감사원ECA	회계 감사 및 재정 등에 대한 의견 제출

5대 핵심기구 산하 5개 기관	기능
유럽경제사회위원회	EU 내 경제사회 문제에 대한 유럽 시민사회 입장 대변, EC 업무 지원 및 자문
지역위원회	EU 내 지역적 다양성과 지역발전 촉진
유럽중앙은행	유로권 통화정책 관리
유럽옴부즈맨	EU 기구의 행정권 남용 견제
유럽투자은행	EU 개발지원 프로그램 운영지원

무역연합EFTA을 합쳐 구성된 유럽단일통합자유무역시장을 말한다. 상품과 사람·서비스·자본의 자유이동을 핵심으로 하고, 평화와 민주주의 및 인권에 기반을 둔 유럽 건설, 글로벌 차원의 교역 자유화를 목적으로 한다. 유럽경제지역에는 EU 회원국 외에도 노르웨이와 아이슬란드 등의 2개의 북극권 국가가 추가되어 있다. 회원국은 총 33개국에 이르며, EU와 상호협력 관계를 유지하고 있다.

북극에 대한 통합 EU정책

이제는 EU의 통합 북극정책에 대해 살펴보자. EU는 EU집행위원회 등이 2016년 4월 27일 EU정상회의와 유럽의회에 보고한 '북극에 대한 통합 EU정책'에서 3대 북극전략을 제시하고 있다. 과학부문에 해당하는 '기후변화와 북극 환경보호', 북극과 그 주변 지역에 대한 '지속가능개발', 마지막으로 북극 이슈에 대한 '국제협력'이 그것이다.

이중 첫 번째 '기후변화 및 북극 환경보호' 전략에서는 북극 통합관측, 기후변화 및 그에 따른 사회경제 충격 대응, 석유가스 개발의 환경 충격 대응 등을 주요 과제로 제시하고 있다. 두 번째 '지속가능개발' 전략에서는 북극의 전통(문화, 언어, 경제활동) 보호, 경제개발이 북극에 주는 충격에 대한 대응 등을 주요 과제로 제시하였다. 특히, 경제활동과 관련해 EU는 EU 자체의 경제활동과 소비가 북극에 적지 않은 영향을 주고 있다고 판단하며 북극의 지속가능개발 참여 명분을 내세우고 있다. 예를 들어, 북극권 국가들이 생산하는 에너지 및 수산물에 대해 EU가 주소비국으로 자리잡고 있어 북극 개발 및 북극 산업활동의 도의적 책임자로서 북극의 지속가능개발에 기여해야 한다는 논리이다. 이와 함께, 국제협력 전략에서는 북극이사회 및 바렌츠유로북극이사회와 같은 지역협력기구에서 EU의 활동을 강화하고 북극 환경보호에 적용되는 국제협정에 적극 협력할 것 등을 주요 과제로 내세웠다.

한편 미국의 항공우주국 나사NASA와 같은 역할을 하는 유럽우주국

ESA: European Space Agency도 북극전략과 북극활동을 하고 있다. EU와 는 별개로 운영되는 유럽우주국은 평화적으로 우주연구 및 우주기술 과 우주활용에서 유럽국가 간 협력증진을 목적으로 하고 있으며 회원 국은 22개국이다. 그간 80개 위성을 발사하여 위성사진 및 관측활동 등을 하고 있으며, 우주선도 운영 중이다. 연구원 포함 2,300명의 직원 들로 구성되어 있다. 연간 예산은 67억 유로(2020년 기준)에 이른다. ESA 는 북극 이슈 해결에도 기여하고 있다. 즉, 위성운영을 통해 안전하고 지속가능한 경제개발에 기여(어업, 광산, 관광, 바이오경제 및 블루이코노미 등), 자원의 모니터링 및 환경보호(기후변화, 환경오염, 외래종 유입 관찰 등), 미래 북극해운에 활용(항행 안전 및 해빙 모니터링, 긴급사태 대응에 기여), 통 신시스템 및 원거리 접속을 통한 이러닝과 이헬스 지원, 기상예보를 통 한 기업의 활동이나 국민의 안전 보장 등에 이바지하고 있다. ESA는 2007~2008년 사이 '국제극지의 해IPY' 기간에 해빙 위성사진을 제공하

참고

바렌츠유로북극이사회BEAC: Barents Euro-Arctic Council는 바렌츠 지역 이슈에 공동대 응해 결성된 국가 간 포럼이다. 여기에서 바렌츠 지역은 스웨덴, 노르웨이, 핀란드, 러시아 북서지역 등 4개국의 최북단 지역으로, 독특하고 연약한 연계환경을 지니고 있다. 회원국은 덴마크, 핀란드, 아이슬란드, 노르웨이, 러시아, 스웨덴, EU이다. 바 렌츠에 대한 문제는 크게 경제협력. 환경이슈 대응, 교통협력, 구조협력, 바렌츠숲 보 존협력 등으로 대응팀(일명 작업반/워킹그룹)을 나눠 회원국들이 참여 및 협력하고 있다.

유럽우주국이 개발을 추진 중인 북극 기상위성 개념도.
출처: 유럽우주국(ESA) 홈페이지.
http://www.esa.int/Applications/Observing_the_Earth/Meteorological_missions/Arctic_Weather_
Satellite/Contract_signed_to_build_Arctic_weather_satellite

여 북극 탐험대가 링컨해에서 2,000km 해빙 위 행군구간(러시아에서 그
린란드 구간)을 안전하게 마무리할 수 있도록 지원하기도 했다. 이처럼
ESA가 제공하는 시각자료들은 과학계의 연구자료로 활용될 뿐 아니
라 해안경비대의 활동 등을 지원하기도 한다.

북유럽의 북극정책

EU의 통합적 북극전략과는 별도로 북극과 직접적인 이해관계가 있는 북유럽 국가들은 나름의 정책을 통해 북극을 관리하고 있다. 그리고 그중 일부 국가는 나토의 일원으로, 또는 주변국과 협력하여 국가안보를 강화하면서, 이를 기반으로 국제협력, 북극 환경보호 및 관리, 지속가능 경제발전 등을 공통적으로 추구하고 있다.

노르웨이의 북극정책백서

대표적으로 노르웨이는 자국 외교부가 2020년 말에 '북극정책백서 The Norwegian Government's Arctic Policy-People, Opportunities and Norwegian Interests in the Arctic'를 발표하면서 최근의 정책방향을 공개하였다. 노르

웨이는 자국의 북극 지역이 전체 인구의 9%, 그리고 자국 영토의 35%를 차지하고 있는 전략적 중요 지역이라고 전제하면서, 러시아의 북극권 군비 강화 등의 상황에 대비하여 북극의 외교안보정책 강화, 경제 활성화를 포함한 지역개발 촉진과 환경보호 전략을 제시하고 있다. 특히, 산업과 관련해 북극의 해양산업(수산업, 양식업, 관광업 등) 성장과 바렌츠해 석유개발산업 증진 및 기술개발 촉진, 그리고 교통과 통신 투자강화와 일자리 마련을 통한 북극 인구 안정화를 꾀하고 있다.

이와 함께 노르웨이 정부는 2020년 1월 최북단 주인 핀마르크주와 그 아래의 트롬스주를 통합하여 '트롬스오그핀마르크주Troms og Finnmark fylke'로 새로 출범시켰다. 기존 트롬스주의 수도인 트롬소가 이 통합 주의 수도로 강화되었다. 이로써 북극선 이북에 위치하는 트롬소가 명실상부한 노르웨이 북극권의 관문도시로서 위상이 더욱 높아졌다.

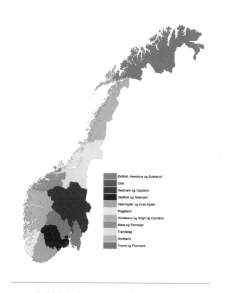

노르웨이 북극권 주에 해당하는 '트롬소오그핀마르크주'(사진 맨 위쪽 파란색 지역).
출처: 노르웨이 정부 홈페이지 https://www.regjeringen.no/en/id4/?page=3867

이와 함께 북극해에서의 관광, 낚시, 자원개발 및 군사활동 등이 증가하면서 긴급사태 발생 가능성이 높아지는 것에 대비하기 위해 노르웨이 정부는 2022년까지 트롬소에 수색·구조SAR 헬리콥터 기지를 신설하여 북극에서의 수색구조 활동을 강화할 계획이다. 이에 따라 기존 스발바르 제도의 롱이어비엔 공항 기지에 배치된 2대의 수색구조용 헬리콥터와 트롬소의 수색구조용 헬리콥터를 공동운영하여 북극 수색구조 활동을 지원할 예정이다. 노르웨이 북부 도시 락셀Lakselv과 보도 Bodo 공군기지도 수색구조 헬리콥터를 보유하고 있다.

스웨덴의 새 북극전략

노르웨이와 인접한 스웨덴도 2011년 말 북극지역전략Sweden's Strategy for the Arctic Region을 10년 만에 개정한 새 북극전략Sweden's Strategy for the Arctic Region 2020을 2020년 말 발표하였다. 이 전략에서 스웨덴은, 북극지역의 경제적 가치 증대에 따라 세계의 관심이 증가하고 북극의 전략 및 경제적 중요성의 인식에 의해 각국의 군사 활동이 확대되는 등 역내 긴장이 고조됨에 따라, '안보와 안정'을 새로 포함한 6대 정책 우선순위를 확정했다. 이 6대 정책의 우선순위는 △북극 내 국제협력, △안보와 안정, △기후와 환경, △극지연구와 환경 모니터링, △지속가능발전과 비즈니스, △양질의 생활환경 확보 등이다. 특히 국제협력 대상으로 스웨덴은 EU와 미국을 강조하고 있으며, 과학기술부터 기후변화,

환경, 경제 등 다양한 분야의 협력방안을 제시하였다. 특히 EU와는 북극 내 유럽지역을 중심으로 기후변화, 환경보호, 지속가능개발을 위한 EU의 전략이 개선 및 강화될 수 있도록 EU 회원국인 스웨덴이 적극적으로 활동한다는 방침이다.

덴마크의 그린란드 예비군과 북극사령부

나토 회원국인 덴마크는 광대역 북극지역 안보를 위해 항공기 1대, 헬리콥터 4대, 선박 4대를 배치하고 있으며 이를 통해 군사안보는 물론 어업활동 지원, 수색구조 지원 등을 병행하고 있다. 덴마크 국방부는 2020년에 북극지역에서 교전을 하지 않는 작전을 수행할 때 정규 부대를 후방에서 지원할 수 있는 그린란드 예비군을 창설하였다. 이는 비정규군인 민병대(레인저스) 개념으로 북극의 위협수준에 대비하여 한 차원 높은 군사능력을 보유하기 위한 차원에서 결성되었다.

또한 덴마크는 별도의 북극사령부를 두고 있는데 인원이 100명 미만인 수준으로, 향후 민병대 결성과 국방예산 증액을 통해 북극권 안보 강화를 더욱 확대시킬 계획이다. 현재 그린란드 인구는 5만 6,000여 명이다. 덴마크는 또한 그린란드 지역 감시 및 안보 강화를 위한 감시용 드론과 레이더를 배치하기로 했다. 북극과 북대서양에서 다른 국가들의 활동이 증가하는 것을 인식하고, 혹시 모를 위협에 대비하기 위해 지역감시 강화차원에서 이뤄진 조치이다.

아이슬란드와 그린란드의 협력

아이슬란드는 외교부를 중심으로 기후변화로 인해 앞으로 자원과 기회의 땅이 될 것으로 기대되는 그린란드와의 양자협력을 위한 권고보고서Greenland and Iceland in the New Arctic: Recommendations of the Greenland Committee Appointed by the Minister for Foreign Affairs and International Development Co-operation를 2020년 12월에 발표하였다. 실제 그린란드는 2023년 신규 공항 준공 및 기존 공항의 리뉴얼을 통해 사람과 물류의 이동이 활발해지고, 기후변화로 인해 그린란드의 육지빙하가 감소하여 육상자원에 대한 접근성이 향상되는 등 지역경제 규모가 급격히 확대될 것으로 예상되는 지역이다.

아이슬란드는 그린란드와의 10개 협력분야에 대한 권고를 보고서에서 제시했는데, 그 10개 권고는 △양자 무역협정 체결(아이슬란드 슈퍼마켓 체인의 그린란드 진출 등), △그린란드 동부 타실락Tasillaq에 국제 NGO인 세이브더칠드런Saver the Children과 협력하여 방과후센터 운영(청소년 자살 문제나 성적 학대 문제 해결), △사회적 약자 지원(아이슬란드 적십자 주관으로 그린란드 주민의 건강, 긴급상황 대응 지원 등), △원격교육 개발(아이슬란드 아쿠레이리대학과 그린란드 누크대학 간 온라인 연계), △광범위 신규 어업협정 체결(그린란드 심해 레드피시Redfish, 대구cod 등 연구협력과 인력교류 등), △수색·구조SAR 협력(아이슬란드의 SAR 노하우를 그린란드에 전수) △그린란드에 소규모 발전소 건립 지원(수력발전 등), △그린란드 이슈 대응에 대한 국제

싱크탱크 지원(미국 윌슨센터Wilson Center 및 하버드대학과 연계하여 싱크탱크의 그린란드 이슈 지원), △ 헬스케어 협정(아이슬란드 헬스케어 시스템의 그린란드 지원, 즉 병원 수술 지원 및 간호사 훈련 등), △북극센터 개소(국제적인 '북극서클' 행사의 본고장인 아이슬란드의 수도 레이캬빅에 북극센터 개소를 추진하여 외국 방문 과학자, 학자, 박사과정생 등을 위한 시설 구축과 북극박물관 개소 추진으로 그린란드 및 다른 국가와 교류 강화) 등이다.

우리나라의 북극정책

우리나라 북극정책의 출범은 북극이사회 정식 옵서버 가입에서 시작되었다고 해도 과언이 아니다. 이런 측면에서 2013년 5월 15일은 우리나라 북극정책의 큰 획을 그은 날이라 할 수 있다. 바로 스웨덴의 북극권 광산도시인 키루나에서 개최된 북극이사회 각료회의에서 우리나라가 정식 옵서버에 가입한 날이다.

북극이사회 정식 옵서버 진출에 따른 후속조치의 일환으로 해양수산부를 중심으로 범부처가 힘을 모아 우리나라 역사상 첫 북극정책인 '북극정책 기본계획'을 2013년 12월 국내외에 공식 발표하였다. 이러한 정책을 수립한 배경은 북극이사회 정식 옵서버 진출을 계기로 북극권 공동이익에 협력하기 위해 북극이사회 내에서 정책결정 과정에 참여할 수 있는 기반을 마련하기 위함이었다.

역사상 첫 북극정책인 제1차 북극정책 기본계획

2013년 5월 정식 옵서버 확정 후 정부는 두 달 뒤인 2013년 7월 '북극종합정책 추진계획'이라는 큰 청사진을 발표하고, 이를 구체화하기 위해 7개(당시 미래창조과학부, 외교부, 산업통상자원부, 환경부, 국토교통부, 해양수산부, 기상청) 정부부처 및 청에서 추진하거나 계획 중인 사업을 종합하여 '제1차 북극정책 기본계획'을 확정하였다.

이 기본계획은 4대 정책목표와 그 밑에 31개 세부과제로 구성되어 있는데, 우리나라는 다른 비북극권 국가가 내세운 국제협력, 과학연구, 지속가능발전(비즈니스) 등의 3대 정책목표 외에 기반구축이라는 정책목표가 추가되어 있다.

이 기반구축에는 북극활동을 지원하기 위한 제도 마련과 인프라 구축으로 극지정책을 지원하고 수행하기 위한 근거법령 제정, 또한 극지정보센터와 같은 유형의 조직체 신설 등이 포함되어 있다.

북극 과학연구를 중심으로 극지연구소의 북극 연구사업은 '과학연구' 정책 파트에 정식으로 포함되었다. 필자는 북극이사회 정식 옵서버 진출 업무를 추진하면서, 막연하게나마 극지연구소의 북극활동 영역 확대를 기대하였는데, 정부는 관련 사업들을 북극정책 기본계획에 포함시켰다. '과학연구' 정책목표에 포함된 제2쇄빙연구선의 건조 추진

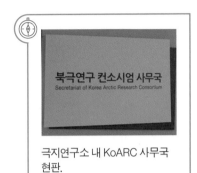

극지연구소 내 KoARC 사무국
현판.

과 한국북극연구컨소시엄KoARC의 출범이 대표적이다. 이 컨소시엄은 2015년 인천 송도 국제도시에 자리 잡은 극지연구소 내에 사무국이 개설되면서 본격 출범하였고, 현재 필자가 사무국을 맡고 있다. 그간의 사업성과를 기반으로, 비영리 사단법인 추진을 준비 중이다. 또한, 제2쇄빙연구선 건조 관련 업무는 극지연구소 내에 건조추진사업단이 별도 조직되어 관련 업무지원을 전담하고 있다. 비즈니스 분야는 북극항로 개척과 해운항만 협력, 자원개발 및 조선기술 개발, 해운협력 등의 북극권 경제진출 사업으로 구성되었다.

이 같은 1차 북극정책 기본계획이 성공리에 마무리되고, 2018년 7월 제2차 계획인 '북극활동진흥 기본계획'이 해양수산부를 통해 발표되었다. 이 기본계획은 1차 계획보다 구체적인 추진 배경을 밑바탕에 놓고 있다. 즉, 북극의 환경변화에 따라 북극의 냉기가 동북아시아까지 내려오면서 겨울철 한파 등의 기상재난으로 북극이 우리 실생활에 직접적인 영향을 주고 있고 북극에서 국제사회의 경제활동이 가속화되고 있어, 기후·환경변화 대응을 위한 과학연구 강화와 함께 북극 비즈니스 진출에 대한 실질적 지원이 담겨야 한다는 의지가 반영되었다. 이에 기존의 7개 부처와 청 외에 대통령 직속 북방경제협력위원회가 추가되어 총 8개 정부기관이 참여하였다.

이 계획에서 정부는 북극의 미래와 기회를 여는 극지선도국가라는 비전을 내세우고 기존의 북극정책 기본계획과 동일한 4대 전략 아래 30개 세부과제를 제시했다. 다만, 기존에는 북극이사회와의 협력과 참여 등의 국제협력 파트가 첫 번째 세부과제로 제시된 데 반해 이번에는 경제분야 과제가 맨 앞에 제시되었다. 즉, 해운, 조선 등의 북극 비즈니스와 에너지 및 자원 개발, 수산 분야 협력 등이 맨 앞에 놓였다. 그리고 북극과 한국 간 기후관계 영향분석 등 기후변화 연구조사 등도 과학분야 주요 과제로 포함되었다. 차세대 쇄빙연구선 건조 등 연속과제들도 1차 기간에 이어 세부과제로 제시되었다. 이러한 계획이 기틀이 되어 2021년 6월 해양수산부의 '차세대 쇄빙연구선 건조사업'이 예비타당성조사를 통과하였다. 이에 따라 2027년이 되면 우리나라 최초의 쇄빙연구선인 아라온과 함께 또다른 쇄빙연구선이 태극기를 휘날리며 극지를 누빌 것으로 기대된다.

한편 기반구축 파트에는 남·북극 활동의 과거와 현재를 진단하고 우리나라 극지활동의 장기 비전을 제시하는 미래 청사진인 '2050 극지비전'을 수립하는 과제도 담겼다. 극지연구소와 한국해양수산개발원은 6개월에 걸친 연구협력을 통해 극지비전(안)을 해수부에 제안하였고, 해수부는 이 내용을 근간으로 '2050 극지비전'을 수립하여 2018년 12월

부산에서 개최된 한국 최대의 북극 행사인 북극협력주간에서 국내외에 선포하였다.

'2050 극지비전'은 극지를 우리나라 발전에 기여할 수 있는 중요 지역으로 전제하면서 인류공동의 현안해결 등을 통해 극지선도국으로 도약하기 위한 7대 전략을 핵심내용으로 하고 있다. 그 7대 전략은 기후변화에 선제적 대응, 극지자원의 합리적 활용, 극지에서 미래신산업 육성, 연구혁신과 실용화 성과 창출, 극지 환경보호, 북극 원주민과 교류 및 신뢰 구축, 제3과학기지 등 인프라 확충과 전문인력 양성 등이다.

가장 최근의 국가 차원의 정책성과로는 극지활동 진흥을 위한 법이 제정된 것을 꼽을 수 있다. 크리스마스 이브였던 2020년 12월 24일 해양수산부가 주도하여 '극지활동진흥법(안)'을 국회에 제출하였고, 2021년 3월 말 이 법이 국회를 통과하였다. 이로써 우리나라는 남·북극을 아우르는 과학연구와 경제활동 등의 극지활동을 진흥하는 법적인 근거를 마련하게 되었다.

이 법에는 ▲북극활동진흥 기본계획과 기존의 남극연구활동진흥 기본계획을 통합·연계하는 ▲5년 단위 '극지활동진흥 기본계획' 수립과 함께, ▲극지 전문인력 양성 및 활용계획 수립, ▲남북극 과학기지, 쇄빙연구선 등 극지활동에 필요한 인프라 구축 및 활용 진흥, ▲북동항로 활용을 포함한 북극 경제활동 진흥, ▲체계적인 극지활동 관련 정보를 구축 관리하기 위한 통합정보 시스템 구축·운영 등도 담겨 있다. 극지연구소는 올해부터 극지통합정보 시스템의 구축 및 운영을 전담할 가칭 '극지통합정보센터' 출범 준비를 본격화할 예정이다.

북극이사회 옵서버 가입

필자는 지난 2007년부터 2013년 옵서버 가입까지 우리나라 외교부의 북극 업무를 지원해왔으며, 옵서버 가입이 승인되는 그 역사의 현장에 참여하는 영예도 얻었다. 가입까지 우여곡절도 많았다.

2007년 극지연구소에 입소한 후 지시받은 첫 임무가 바로 북극이사회 옵서버 가입 추진이었다. 필자는 우리나라의 북극연구 활동영역 확대와 북극에서의 국가위상 강화를 위해 북극이사회 옵서버 가입이 필요하다는 당위성을 관련 자료를 검토하면서 재확인하였다. 그런 뒤 본격적으로 가입 업무 추진에 들어갔다.

그런데 문제는 북극이사회가 북극권 정부의 외교포럼이어서, 극지연구소가 아닌 우리나라 외교부가 가입신청의 당사 기관이라는 점이었다. 그래서 일정 부분 업무를 진행한 후 외교부를 설득하기로 하였다. 일단, 국가연구기관인 극지연구소를 내세워 직접 북극이사회 사무국과 접촉하기 위해, 북극이사회 홈페이지를 검색하였다. 당시 웹사이트에는 세 명의 직원 사진이 이메일 연락처와 함께 올라와 있었다. 필자는 극지연구소 입사 전 수년간 기자를 하면서 쌓아온 감각을 발휘하여 그 세 사람의 직원 중 응대(?)를 잘해줄 것 같은 한 직원에게 이메일을 보냈다. 예상대로 그 직원은 잘 응대해주었고, 여러 차례 이메일로 이야기한 끝에 잠정 옵서버 가입신청서를 받을 수 있었다.

신청서는 우리나라의 북극 연구 및 활동 연혁과 현황, 가입 후 북극이사회 활동의 기여방안 등 6~7개 질문으로 구성되었다. 그간 우리나라의 북극연구를 주도한 극지연구소의 활동과 계획만으로도 충분히 지원서 작성이 가능할 것으로 판단되어 극지연구소의 그간 성과자료를 분석하여 핵심내용으로 영문 가입지원서를 써내려갔다. 그 후 연구소 검토를 거쳐 외교부와 접촉하여 우리나라의 북극이사회 옵서버 가입 필요성을 설득하면서 신청서를 제출하였다.

외교부는 2008년 5월 북극이사회 사무국에 이 가입신청서를 제출하였다. 그리고 같은 해 11월 외교부 및 극지연구소 관계자가 노르웨이 북극 도시인 코토케이노에서 열린 북극이사회 회원국 간 국과장급 회의에 참석하여 가입의사를 피력하고 참가국들의 공식지지를 받음으로써 잠정 옵서버로서의 첫발을 내딛었다.

잠정 옵서버가 된 이후, 임시 자격이 아닌 정식 옵서버가 되기 위해서는 더 많은 노력이 필요했다. 우선 필자를 포함한 연구소 소속 전문가들이 북극이사회 산하 작업반(워킹그룹)과 전문가회의 등에 참가하면서 북극 이슈에 관심을 표명하고 전문성을 발휘하여 북극 이슈 대응에 기여하려는 의지를 보여주었다.

그럼에도 2009년 트롬소에서 열린 북극이사회 각료회의와 2011년 그

노르웨이 트롬소의 'KOPRI-NPI 극지연구협력센터' 전경. 앞의 도미도 건물이 극지박물관 폴라리아Polaria이고, 그 뒤 프람센터Fram Centre 건물에 극지연구센터가 운영 중이다.
출처: https://global.hurtigruten.com/excursions/norway/tromso-polaria/

린란드 수도 누크Nuuk에서 열린 각료회의에서도 우리나라의 정식 옵서버 가입이 미뤄져 차기 각료회의로 연기되었다. 이에 포기하지 않고 극지연구소 직원들은 북극이사회 관련 전문가 활동을 이어갔다. 또한 외교부와 함께 미국, 캐나다, 러시아 등 주요국을 방문하면서 정식 옵서버 가입의 당위성 및 계획을 설명하고 설득하는 노력을 하였다. 그리고 북극권 국가의 주한 외교사절을 모두 초청한 가운데 2013년 3월 서울에서 외교부와 함께 '북극정책 국제 심포지엄'을 성공적으로 개최함으로써 각 북극권 국가 외교부로 개최 소식이 전달될 수 있도록 하였다.

마침내 2013년 스웨덴 키루나 각료회의에서 최종 가입승인을 받기까지 필자는 외교부 공무원들과 함께 참가하여 최선을 다했고, 외교부에서도 실무지원 노력을 아끼지 않았다. 이 같은 노력으로 북극이사회 가입 후, 〈중앙일보〉에서 대서특필됐는데, 그때 외교부 직원 네 명과 필자까지 총 다섯 명이 키루나 각료회의 현장에서 펼친 노력을 긴박하게 그리며, '독수리 오형제'라는 제목으로 기사화하여, 한동안 필자는 극지연구소에서 독수리 오형제라는 닉네임으로 불렸다.

한편 북극정책 기본계획의 일환으로 극지연구소는 2014년 4월 트롬소에 있는 노르웨이 극지연구소NPI 내에 한국-노르웨이 극지연구협력센터(KOPRI-NPI 극지연구협력센터)를 개소하였다. 필자는 이 협력센터의 첫 장기 파견자로 2016년 5월 노르웨이로 떠나, 협력센터장으로의 활동을 시작하였다.

트롬소는 북극선 이북의 위도 69도에 위치한 북극 도시이다. 잠시 노르웨이 트롬소에서 겪었던 에피소드를 소개하겠다. 노르웨이는 1인당 GDP가 2019년 기준 약 7만 5,000달러로 세계 4위의 부국이다. 인구는 약 546만 명으로 우리나라의 1/10 수준이다. 유럽의 사우디라고 불릴 만큼 석유생산 및 수출 비중이 높고, 북극해의 찬 바다와 대서양의 더운 바다가 만나는 바렌츠해와 북극해를 접하고 있어 수산업도 노르웨의 주력산업이다. 우리나라에 노르웨이 고등어와 연어가 이미 대중화된 것만 보아도 미루어 짐작할 수 있다.

근무시간도 특이하다. 협력센터가 위치한 노르웨이 극지연구소 직원들은 오전 8시에 업무를 시작하여 오후 4시면 그날 업무가 끝이 난다. 즉, 하루 8시간 근무이다. 외부 레스토랑에서 점심이라도 사먹으면 수만 원의 비용이 들어, 도시락을 사와 로비 소파에서 담소와 함께 10~20분 정도 같이 먹고 다시 연구실로 간다. 필자가 트롬소에 살 당

KOPRI-NPI 극지연구협력센터가 위치한 트롬소의 산 전경.
출처: https://unsplash.com/s/photos/tromso

시, 이름만 들어도 아는 패스트푸드점에서 햄거버 세트가 우리나라 돈
으로 2만 원 가까이 됐다. 그만큼 외식 물가는 비싸다고 할 수 있다.

건물 내에 있으면 하루 8시간씩 5일, 총 40시간 근무를 인정해준다.
오후 4시가 조금 넘으면 복도 불이 꺼진다. 직원들이 거의 퇴근한 연구
실에서 혼자 연구하다 보면 적막감이 들기도 한다.

노르웨이 사람들은 평소 운동을 생활화하고 있다. 필자도 오전 7시
경 협력센터에 출근하여 오후 5시경 퇴근을 하였다. 그런데 백야가 되
면 퇴근을 해서 집에 와도 대낮이다. 그래서 퇴근 후 트롬소 시내 맞은
편에 케이블카가 연결된 해발 420여 미터의 산을 거의 매일 등반하였
다. 어떤 사람들은 뛰어서 오르내리다시피 하여 필자도 조금 산에 익숙
해진 뒤 뛰어서 오르내리니 숙소까지 왕복 1시간 반이면 가능하였다.

퇴근 후 산 정상에 오르면 노르웨이 극지연구소 소속 연구자 동료들도 심심치 않게 만났다. 그리고 한적한 아스팔트 길에서는 바퀴가 달린 스키를 타고 스키스틱을 힘차게 내저으며 이동하는 사람부터 산악자전거, 롤러브레이드 등 매우 다양한 운동을 일상처럼 즐기는 사람들을 흔히 볼 수 있다.

어느 날 노르웨이 극지연구소 내 도서관 부서에 소속되어 있는, 연구소에서 유일한 사회과학자인 역사학 박사와 이야기를 나눌 기회가 있었다. 노르웨이 사람들이 지구 반대편의 남극점 최초 정복이나 북극점 도전, 카누나 요트를 통한 바다탐험 등 거친 도전을 많이 하는 이유가 무엇인지 물어보았다. 그의 대답은 간단했다. 바로 "노르웨이 사람들이 평소 노르웨이의 거친 산악 및 빙설의 자연환경을 운동처럼 즐기면서 생활하는 게, 어려운 도전을 무서워하지 않으면서도, 그 도전을 성공으로 이끈 원동력이 아닐까 생각한다"는 것이다. 험산준령 자연을 벗삼아 운동을 즐기는 것이 대중화되고 일상화된 게 이 같은 도전과 겨울 스포츠의 강국이 된 밑바탕이었다는 것을 어느 정도 느낄 수 있었다.

9개의 다리(나인 브릿지) 정책

다시 정책 이야기로 돌아와서, 우리나라 북극정책의 대표적인 산업분야 성과로는 쇄빙LNG운반선의 수주와 납품을 꼽을 수 있다. 러시아의 야말 LNG 생산기지와 관련해 대우조선해양이 1척당 3억

2,000만 달러(약 3,600억 원) 규모의 쇄빙LNG운반선 15척을 수주한 것이 대표적인 성과다. 이 쇄빙LNG운반선은 −52℃의 환경에서 최대 2.1m 두께의 얼음을 깰 수 있는 성능을 가진 LNG 운반탱커로서, 2014년에 수주한 뒤 2019년 말에 15척의 배를 모두 순차적으로 건조하여 납품완료하였다.

또한 추가 LNG 생산기지인 'Arctic LNG−2'에 대해서는 러시아가 블라디보스토크의 '즈베즈다 조선소' 현대화 및 이 조선소에서 15척의 쇄빙LNG운반선 신규 건조를 하는 조건으로 선박발주를 추진하였는데, 아직 여건조성이 안 되어 직접 발주로 전환하였다. 이에 러시아의 노바텍은 1·2차에 걸쳐 Arctic LNG−2 개발 후 에너지 운반에 사용할 선박으로 총 25척 정도의 쇄빙LNG운반선을 발주할 계획임을 밝혔으며, 이후 Arctic LNG−2라는 이름을 명시하지 않고 선박 발주를 하고 있다. 그런데 우리나라의 대우조선해양이 2020년 10월 LNG운반선 6척을 2조 274억 원에 수주했는데, 1척당 계약금액이 3,379억 원인 것을 감안하면 향후 Arctic LNG−2기지에서 활용될 쇄빙LNG선을 수주한 것으로 관측된다. 삼성중공업도 2020년 11월에 구체적인 선종과 계약 척수는 밝히지 않았지만 유럽 지역 선주와 총 25억 달러(약 2조 8,072억 원) 규모의 선박 블록 및 기자재 공급계약을 체결했다. 이 계약도 Arctic LNG−2프로젝트와 관계된 것으로 업계는 분석하고 있다. 이 같은 쇄빙LNG선의 눈부신 성과는 앞으로도 이어질 전망이다.

사실 우리나라 정부는 북방경제협력위원회를 중심으로 나인브릿지9-Bridge 정책을 표방하며 북극정책을 추진해왔다. 문재인 대통령이 2017년 9월 제3차 동방경제포럼에 참석하여 신북방정책의 일환으로 '9개의 다리' 정책을 제시하였다. '9개의 다리'란 수산업, 농업, 전략, 철도, 북동항로NSR, 가스, 조선, 항만, 산업단지 등의 9개 분야를 말하며, 러시아와 이 9개 분야에 대해 '협력의 다리'를 건설하여 동북아 평화번영은 물론 장기적으로 한반도 번영의 시대를 열어가겠다는 것이 정책의 궁극적 목표이다. 이 9개의 다리 중 하나인 조선업에서 앞서 말한 바와 같이 우리나라 업계가 눈부신 수주를 이어가고 있다.

9개의 다리 중 북동항로 전략에서는 새로운 물류루트로 개척하여 북극해 시장 선도, 그리고 가스 분야에서는 러시아 LNG 추가 도입을 통한 가스도입선 다변화와 남-북-러 간 가스관 연결, 수산물 전략에서는 블라디보스토크에 수산물 복합단지 건설 및 어업쿼터 확대를 통한 수산물 확보 등의 전략이 포함되어 있다.

이러한 '9개의 다리' 정책이 전반적으로 큰 실적을 거뒀다는 평가를 내리기에는 아직 이른 면이 있다. 그런 측면에서 러시아가 북극이사회 의장국이 되면서, 우리나라는 러시아와의 북극권 경제협력을 확대하여 '9개의 다리' 정책이 실질적 성과를 창출할 수 있도록 민관이 함께 힘을 모아야 할 것이다.

마치는 글

    기후변화로 인한 북극의 환경변화와 해빙이 줄어들면서 발생하는 문제들에 대해 국제사회는 협력하여 대응하고 있다. 한편 이러한 해빙 감소에 따른 접근성 확대로 북극에서의 경제활동 기회가 증가하고 있다. 따라서 북극에서 '기후변화'는 '기회변화'로 우리에게 다가올 수 있다. 실제로 국제사회의 관심 속에 예상보다 빠르게 자원개발 및 인프라 구축 사업들이 추진되고 있으며, 북극권 국가들은 물론 중국, 일본 등 주변 국들도 체계적 정책을 앞세워 북극 진출을 강화하고 있다. 특히 해저 광케이블 사업 등은 향후 북극에서 스마트폰의 수요를 높일 것이며, IT 강국인 우리나라의 기업들도 얼마든지 진출할 수 있는 분야라고 판단 된다.

북동항로에 대해서는 아직 국내업계의 관심이 크지 않으나, 이미 중국은 진행형, 일본은 2023년부터 본격적인 북극 LNG 수입을 계기로 북극 해운을 공식화할 것으로 보인다. 우리나라도 러시아의 법제 정비 및 변화를 시의적으로 모니터링하면서 대응하고, 주변국 및 국제사회의 동향을 파악하여 향후 우리나라가 북동항로를 활용할 때 불이익이 없도록 하고, 업계가 안전한 운항을 할 수 있도록 사전에 관련 기술을 개발하는 등의 준비가 요구된다.

북극 안보나 북극권 국가들의 대륙붕 확장은 우리나라와 직접적인 관계는 없으나 동 이슈에 대한 북극권 국가 간 이해 충돌이나 갈등은 미래 우리나라 물류루트 등의 활용이나 북극권 과학활동에 불안요소가 될 수 있으므로 이에 대한 지속적인 동향파악과 대응도 필요하다.

특히, 북극 해빙 감소로 북극해가 열리면서 북극이 강대국들의 지정학적 안보 및 경제활동의 각축장으로 변함에 따라, 앞으로 안보적 긴장상태가 높아질수록 우리나라의 북극 과학연구도 영향을 받을 가능성이 있기 때문에, 늘 관심을 갖고 지켜봐야 한다.

다행히도, 러시아가 2021년 북극이사회 의장국이 되면서 북극에서 '저긴장 고협력' 기조를 이어갈 것이라고 천명하면서 북극이사회 내에 군사안보 협력 이슈를 포함시키고 대화를 재개하는 등 북극권 평화의 제스처를 국제사회에 보내고 있다. 이런 노력들을 기반으로 북극에서의 긴장관계가 개선되어 국제협력이 활성화되고, 이를 통해 우리나라의 북극권 진출도 확대되길 소망한다.

끝으로 우리나라 북극진출 확대를 위해, 2021년 '극지활동진흥법' 제정에 따른 '극지활동진흥 기본계획' 수립에서는 보다 실질적 성과를 거둘 수 있는 체계적이고 세밀한 북극 과제들이 제시되어야 할 것이다. 그래서 정책수행 성과가 국익으로 연결되고, 우리나라가 국제사회에서 북극이슈 해결의 중심 역할에 서는 밑거름이 되기를 기대해본다.

부록

북극이사회 6개 워킹그룹 2021-2023 프로젝트 목록

워킹그룹명		프로젝트명	기간
지속가능개발 워킹그룹 (SDWG) : 총 11개 프로젝트	1	Arctic Indigenous Youth, Food Knowledge and Arctic Change (EALLU) II	'19-'23
	2	Digitalization of Linguistic and Cultural Heritage of Indigenous Peoples of the Arctic	'20-'23
	3	Arctic Demography Index	'20-'23
	4	One Arctic, One Health	'19-'23
	5	Local2Global	'19-'23
	6	Biosecurity in the Arctic (in collaboration with AMAP and CAFF)	'21-'23
	7	Arctic Food Innovation Cluster	'19-'23
	8	Sustainable Development Goals in the Arctic: The Nexus Between Water, Energy, and Food (WEF)	'20-'23
	9	Solid Waste Management in Small Arctic Communities (in collaboration with ACAP)	'20-'23
	10	Arctic Remote Energy Networks Academy II (ARENA II)	'19-'23
	11	Arctic Hydrogen Energy Application and Demonstration (AHEAD)	'20-'23
북극해양환경보호 (PAME) : 총 36개 프로젝트	1	Continue the Project on Modelling Arctic Oceanographic Connectivity, with the inclusion of the Central Arctic Ocean, to further develop PAME's Marine Protected Areas Toolbox	'21-'23
	2	Different Ways of Knowing: Applying Indigenous and Local Knowledge and Scientific Information to Arctic Conservation Planning	'21-'23
	3	Develop additional Information Briefs on the Arctic marine environment under change	'21-'23

	4	Revisiting the Framework for a Pan-Arctic Network of MPAs (2015) for potential updates	'21-'23
	5	Other Effective Area-based Conservation Measures (OECM) in the Arctic Marine Environment (joint PAME-CAFF Project)	'21-'23
	6	Expansion and refinement of the MPA-Network Toolbox	on going
	7	Arctic Shipping Status Reports (ASSR)	'21-'23
	8	New Low Sulphur Fuels, Fate, and Behavior in Cold Water Conditions (PAME-EPPR Joint Project)	'21-'23
	9	Collaboration with the Arctic Regional Hydrographic Commission (ARHC)	'21-'23
북극해양환경보호 (PAME) : 총 36개 프로젝트	10	Underwater Noise in the Arctic: Understanding Impacts and Defining Management Solutions - Phase II	'21-'23
	11	Systematically Strengthening Observer Engagement in PAME's Shipping Work	'21-'23
	12	Arctic Ship Traffic Data (ASTD) System	'21-'23
	13	The Arctic Shipping Best Practice Information Forum	'21-'23
	14	Interpretation of the Polar Code	'21-'23
	15	Wastewater Discharges from Vessels in the Arctic - A Survey of Current Practices	'21-'23
	16	Arctic Port Reception Facilities Inventory	'21-'23
	17	Arctic Arrangement for Regional Reception Facilities	'21-'23

북극해양환경보호 (PAME) : 총 36개 프로젝트	18	Raising awareness in the Arctic Council of the provisions of the 2012 Cape Town Agreement for the safety of fishing vessels and the experience gained in the implementation process by Arctic States and other nations, recognizing the importance of fishing vessel safety in the Arctic due to the increased traffic of fishing vessels in the region.	'21-'23
	19	Marine Invasive Alien Species in Arctic Waters (joint PAME-CAFF Project)	'21-'23
	20	Develop an Implementation Plan for the Regional Action Plan on Marine Litter in the Arctic (ML-RAP)	'21-'23
	21	Arctic Coastal Cleanup	'21-'23
	22	Fishing Practice & Gear Inventory: Enhancing Understanding of Abandoned Lost or otherwise Discarded Fishing Gear (ALDFG)	'21-'23
	23	Marine Litter Communication and Outreach Activities	'21-'23
	24	7th EA Workshop on values and valuation of the cultural, social and economic goods and services produced by the ecosystems	'22
	25	Third International Science and Policy Conference on Implementation of the Ecosystem Approach to Management in the Arctic	'21-'23
	26	Integrated Ecosystem Assessment (IEA) of the Central Arctic Ocean (WGICA)	'21-'23
	27	Revise the Ecosystem Approach Framework (EA) and develop a tool for following EA implementation in the Arctic LMEs	'21-'23
	28	Report on development in defining or setting Ecological objectives	'21-'23

북극해양환경보호 (PAME) : 총 36개 프로젝트	29	Synthesis Report on Ecosystem Status, Human Impact and Management Measures in the Central Arctic Ocean (CAO)	'21-'23
	30	Concept paper on further cooperation under the Arctic Council on Ecosystem-Based Management (EBM/EA) of Arctic marine ecosystems	'21-'23
	31	Meaningful Engagement of Indigenous Peoples and Local Communities in Marine Activities (MEMA): Outreach and Next Steps	'21-'23
	32	Management of Arctic Marine Oil and Gas Associated Noise	'21-'23
	33	Update the Arctic Offshore Oil and Gas Regulatory Resource (AOOGRR)	'21-'23
	34	Existing Waste Management Practices and Pollution Control for Marine and Coastal Mining	'21-'23
	35	Targeted update of the Arctic Council Arctic Marine Strategic Plan (AMSP 2015)	'21-'23
	36	4th AMSP Implementation Status Report 2021-2023	'21-'23
비상사태 예방·준비·대응 (EPPR) : 총 17개 프로젝트	1	MOSPA Exercise Planning and Exercises 2021-2023	'21-'23
	2	Arctic Rescue	'21-'23
	3	Safety Systems in Implementation of Economic and Infrastructural Projects	'21-'23
	4	Prevention, Preparedness and Response in Small Communities-PhaseIV	'21-'23
	5	Guideline and Tool for Arctic Marine Risk Assessment - PhaseII	'21-'23
	6	Circumpolar Oil Spill Response Viability Analysis (COSRVA) - Phase III	'21-'23

	7	Circumpolar Wildland Fire	'20-'23
	8	New Low Sulphur Fuels, Fate, and Behavior in Cold Water Conditions (PAME-EPPR Joint Project)	'21-'23
	9	NEPTUNE	'20-'23
	10	Arctic Lessons Learned Arena	'20-'23
	11	Research & Development (R&D) Initiative	'21-'23
비상사태 예방·준비·대응 (EPPR) : 총 17개 프로젝트	12	Arctic RAD Capabilities Analysis (follow-up to the RAD EG Risks project)	'21-'22
	13	Enhancing Maritime Surveillance Capacity Through International Cooperation	'21-'23
	14	Arctic Risk Management Network (ARMNet)	tbc
	15	Radiological Consequence Analysis of Selected Activities Involving a Risk of Emergency Situation in the Arctic	'21-'22
	16	Floating nuclear power plant (FNPP) in the Arctic	'21-'23
	17	Emergency Prevention, Preparedness and Response to Radiation Emergencies in Arctic Communities	'21-'23
북극동식물보존 (CAFF) : 총 18개 프로젝트	1	Actions for Arctic Biodiversity: Implementing the Recommendations of the ABA	on going
	2	Continued implementation of the Circumpolar Biodiversity Monitoring Program (CBMP)	on going
	3	Implementation of the Arctic Migratory Birds Initiative (AMBI)	'13-'23
	4	Marine Invasive Alien Species in Arctic Waters (joint PAME-CAFF Project)	'21-'23
	5	Mainstreaming Arctic Biodiversity	'19-'23

	6	Circumpolar Seabird expert group (CBird)	on going
	7	Inspiring Arctic Voices through Youth: Engaging Youth in Arctic Biodiversity	on going
	8	Scoping for Resilience and Management of Arctic Wetlands	'17-'23
	9	Follow-up on the Arctic Council Cross-cutting Initiatives	'21-'23
	10	Understanding climate change impacts on Arctic ecosystems and associated climate feedbacks (joint CAFF-AMAP project)	'21-'23
북극동식물보존 (CAFF) : 총 18개 프로젝트	11	The Arctic Biodiversity Data Service (ABDS) Development Including Cooperation on the Arctic Spatial Data Infrastructure (SDI)	on going
	12	The Arctic Wildland Fire Ecology Mapping and Monitoring Project (ArcticFIRE)	'19-'23
	13	Other Effective Area-based Conservation Measures (OECM) areas in the Arctic Marine Environment (joint PAME-CAFF Project)	'21-'23
	14	The 3rd Arctic Biodiversity Congress	'21-'23
	15	Community Observation Network for Adaption & Security (CONAS)	on going
	16	Salmon Peoples of Arctic Rivers	'19-'23
	17	Develop additional Information Briefs on the Arctic marine environment under change	'21-'23
	18	Actions for Arctic Biodiversity 2023-2030: Implementing the Recommendations of the ABA	'21-'23

북극모니터링평가프로그램(AMAP) : 총 2개 프로젝트	1	Addressing Issues of Climate Change and its Impacts	'21-'25
	2	Addressing Contaminants and Human Health Issues	'21-'23
북극오염조치 프로그램(ACAP) : 총 18개 프로젝트	1	Pilot Project for Russian Cement Industry	'21-'23
	2	Inventory of uses of POPs and Mercury and their Emission Sources in Murmansk Region	'21-'23
	3	Control Technologies	'22-'24
	4	Promotion of Decreased Pollution in the Arctic Region with the Introduction of BAT	'21-'23
	5	Convention Promotion Project	'22-'24
	6	Russian Chlor Alkali Conversion Project	'21-'23
	7	Outreach to Communities, Industries and Other Stakeholders on Hazardous Substance Prevention in the Arctic	'21-'23
	8	ARCRISK - Mercury Risk Evaluation, Risk Management, and Risk Reduction Measures in the Arctic	'21-'22
	9	Demonstration of Management and Destruction of 250 tons of PCB in Transformers and Capacitors (Phase III)	'21-'22
	10	AFFF (Aqueous Film Forming Foam) and other PFAS containing Foam Phase Out in the Arctic	'21-'22
	11	Assessment and mitigation of risks from a municipal solid waste landfill in permafrost area	'21-'23
	12	Black Carbon Case Studies Platform	on going

북극오염조치 프로그램(ACAP) : 총 18개 프로젝트	13	Phase-out of Ozone Depleting Substances and Fluorinated Greenhouse Gases at Fish and Seafood Processing Enterprises of the Murmansk Oblast	'21-'23
	14	Pilot Project for Reducing CO2 and Black Carbon Emissions on the Rivers of the Arctic Zone of the Russian Federation	'21-'23
	15	Wildland Fire Management Practices and Emissions of Black Carbon and Other Air Pollutants	'21-'23

참고문헌

논문

Donald L. Gautier et al., "Assessment of Undiscovered Oil and Gas in the Arctic", Science Vol. 324, Issue 5931, pp. 1175~1179. USGS(미국 지질조사국), 2009.

서현교, "일본의 북극정책: 연구개발 부문의 인문·사회 분야 중요성 평가", 아태연구 (등재지) 27권 4호, 2020.

서현교, "우리나라 남·북극 기본계획 통합방안과 평가", 한국-시베리아연구(등재지) 제24권 1호, 2020.

서현교, "한국의 북극정책 과제 우선순위에 대한 평가와 분석", 한국-시베리아연구(등재지) 23권 1호 2019.

서현교, "중국과 일본의 북극정책 비교 연구", 한국-시베리아연구(등재지), 22권 1호, 2018.

서현교, "미국의 북극정책 역사 고찰과 한국의 북극정책 방향", 한국-시베리아 연구(등재지), 제20권 1호, 2016.

진동민, 서현교, 최선웅, "북극의 관리체제와 국제기구: 북극이사회(Arctic Council)를 중심으로", Ocean and Polar Research(등재지), 2010.

서현교, "우리나라 북극정책 모형 연구", 북극연구 No 15, ISSN 2635-6104, 2019.

한종만, "북극 공간의 개념 정의: 자연구분과 인문구분을 중심으로", 비교경제연구, 비교경제연구 제22권 1호, 2015.

라미경, "기후변화 거버넌스와 북극권 국제협력", 한국-시베리아연구, 제24권 1호. 2020.

김민수, "북극 거버넌스와 한국의 북극정책 방향", 해양정책연구 35권 1호, 2020.

기고

서현교, "노르웨이 북극연구정책의 현황과 시사점", 북극정책포럼 제8호(pp. 24~47), 부산발전연구원 정책논총, 2016.

서현교, "한중일 북극활동 역사와 북극정책 특징", 미래를 여는 극지인 24호. (pp. 80~83.), 해양수산부/극지연구진흥회, 2018(가을겨울호).

서현교, "트롬쇠, 행정구역 변화로 북극 관문도시 위상 한층 강화", 극지와 사람 3호(pp. 86~87.), 해양수산부/극지해양미래포럼, 2020.

김민수 외, "새로운 도전에 직면한 북극이사회와 우리나라 협력방안", KMI 동향분석 제120호, 2019.

김은진, "미국의 '17년 천연가스 수급 및 LNG 수출입 인프라 현황", 세계 에너지시장 인사이트 제 18-20호 pp. 3~17, 2018.

전문서 및 보고서

김민수 외(KMI), "러시아 북극개발 전략과 연계한 북극진출 방안 연구", 경제·인문사연구회, 2021.

김석환 외, '한국의 북극 거버넌스 구축 및 참여전략', (전략지역심층연구 14-11), 대외경제정책연구원(KIEP), 2014.

한국북극연구컨소시엄(KoARC)/해양수산부/극지연구소, '북극이슈리포트', 2019.

문진영(KIEP), 김윤옥(KIEP), 서현교, '북극이사회 정책동향과 시사점'(연구자료 14-06), 대외경제정책연구원(KIEP), 2014.

북극이사회 사무국(Arctic Council Secretariat), 'Senior Arctic Officials' Report to Ministers 2021 (12th Arctic Council Ministerial Meeting/Iceland Reykavik), 2021

서현교, '북극이사회, 북극의 협력마당' 이유경 외, 'Arctic Note' (극지연 발간 서적) 편저, 2017.

서현교, '우리나라 북극정책 역사 성찰과 발전방향', 김정훈 외, '러시아 북극공간의 이해' 단행본 內 편저, 학연문화사, 2018.

한석태, '정책학 개론', 대영문화사, 2017.

노르웨이 외교부, 'The Norwegian Government's Arctic Policy-People, Opportunities and Norwegian Interests in the Arctic', 2020.

미국 해군(NAVY), 'A Blue Arctic', 2021.

스웨덴 외교부, 'Sweden's Strategy for the Arctic Region 2020', 2020.

핀란드 외교부, 'Arctic Policies and Strategies-Analysis, Synthesis, and Trends', 2020.

아이슬란드 외교부, 'Greenland and Iceland in the New Arctic: Recommendations of the Greenland Committee Appointed by the Minister for Foreign Affairs and International Development Co-operation' 2020.

정기발간물

'극지해소식' 35호~98호, 한국해양수산개발원(북방극지연구실). 2016~2021.

'북극물류동향', 영산대 북극물류연구소, 2019~2021.

웹사이트

국제경제포럼(SPIEF) https://forumspb.com/en/

국제북극포럼 https://forumarctica.ru/en/

국제북극과학위원회(IASC) https://iasc.info/

극지연구소 https://www.kopri.re.kr/

극지연구소 극지정책아카이브 http://www.polararchive.kr/

극지e야기 https://www.koreapolarportal.or.kr/main/mainView.do

글로벌거버넌스위원회(Commission on Global Governance) 홈페이지 https://www.britannica.
    com/topic/Commission-on-Global-Governance

기후변화에 관한 정부간 협의체(UNIPCC) https://www.ipcc.ch/

노르웨이 후티그루텐사 https://www.hurtigruten.com/

다보스 포럼 https://www.weforum.org/

대통령직속 북방경제협력위원회 http://www.bukbang.go.kr/bukbang/

동방경제포럼 https://forumvostok.ru/en/

러시아 노바텍(Novatek) https://www.novatek.ru/en/

러시아 로사톰(Rosatom) https://www.rosatom.ru/en/

러시아 소브콤플롯(Sovcomflot) http://sovcomflot.ru/en/

러시아 북극항로 관리청 http://www.nsra.ru/en/home.html

미국 밴터빌트대학교 홈페이지 https://news.vanderbilt.edu/

미국 알래스카 주정부(수산부) https://www.adfg.alaska.gov/

미국 해안경비대(USCG) https://www.uscg.mil/

모자익(MoSAIC) 국제공동연구 프로그램 https://mosaic-expedition.org/

바렌츠유로북극이사회(BEAC)
    https://www.barentscooperation.org/en/Barents-Euro-Arctic-Council

북극경제이사회(AEC) https://arcticeconomiccouncil.com/

북극서클총회 http://www.arcticcircle.org/

북극연구운영자포럼 https://faro-arctic.org/

북극이사회 https://arctic-council.org/en/

북서대양조약기구(NATO) https://www.nato.int/

북유럽각료회의(NCM) https://www.norden.org/en

스노우플레이크기지 https://arctic-mipt.com/en

스칸디나비아항공 https://www.flysas.com/en/

아세안(ASEAN, 동남아시아국가연합) https://asean.org/

엘지(LG)생활건강 홈페이지 https://www.lghnh.com:984/index.jsp

유럽경제구역(EEA) https://eeas.europa.eu/diplomatic-network/european-economic-area-
eea_en

유럽안보협력기구(OSCE) https://www.osce.org/

유럽우주국(ESA) http://www.esa.int/

유럽연합(EU) https://europa.eu/european-union/index_en

유엔기후변화협약(UNFCCC) https://unfccc.int/

유엔대륙붕한계위원회(UNCLCS) https://www.un.org/Depts/los/clcs_new/clcs_home.htm

유엔지속가능발전 목표(UN SDGs) https://www.un.org/sustainabledevelopment/

유엔해양법협약(UNCLOS) https://www.un.org/depts/los/convention_agreements/texts/
unclos/unclos_e.pdf

원헬스(One Health) 프로그램 https://www.uaf.edu/onehealth/

인천시 https://www.incheon.go.kr/index

일본국립극지연구소 ArCS II 프로그램 https://www.nipr.ac.jp/arcs2/e/

중국극지연구소(PRIC) https://www.pric.org.cn/

태평양북극그룹(PAG) https://pag.arcticportal.org/

항해용 드론(세일드론) https://www.saildrone.com/

해양수산부 https://www.mof.go.kr/

흥미진진
북극전략

지은이 | 서현교

1판 1쇄 인쇄 | 2021년 8월 5일
1판 1쇄 발행 | 2021년 8월 12일

펴낸곳 | (주)지식노마드
펴낸이 | 김중현
디자인 | 제이알컴
등록번호 | 제313-2007-000148호
등록일자 | 2007. 7. 10
(04032) 서울특별시 마포구 양화로 133, 1702호(서교동, 서교타워)
전화 | 02) 323-1410
팩스 | 02) 6499-1411
홈페이지 | knomad.co.kr
이메일 | knomad@knomad.co.kr

값 12,000원

ISBN 979-11-87481-92-8   03340